W0053313

„Und wirklich, der Gardasee ist das Kompendium Italiens für den Teutschen, aus dem er die Anfangsgründe italischer Schönheit in einem Sommermorgen erlernt."

Heinrich Laube, „Reisenovellen", 1834

Margit Kohl, langjährige Reisechefin der Süddeutschen Zeitung, zieht sich zum Schreiben gern an den Gardasee in eine Ferienwohnung in Brenzone zurück – allein der Ausblick vom Schreibtisch auf den See ist für sie schon Lebensqualität pur.

Toni Anzenberger hat bereits viele DuMont Bildatlanten fotografiert. Italienische Themen liegen ihm besonders, da er lange in diesem Land gelebt hat – u.a. sieben Jahre lang in der Provinz Verona.

Liebe Leserinnen, liebe Leser!

Der schönste Ort der Welt? Für den Humanisten und Rechtswissenschaftler Agostino di Brenzone ist es ohne Frage: San Vigilio, jene kleine Halbinsel am Ostufer des Gardasees zwischen Garda und Torri del Benaco. Seit dem 16. Jahrhundert, als sich Brenzone hier eine Villa errichten ließ, hat sich die Landschaft natürlich sehr verändert, wunderschön ist es hier jedoch noch immer. Das gilt besonders für einen herrlichen Tag im Frühjahr oder Herbst, wenn die Halbinsel von Besuchern nicht überrannt wird. Dann sitzt man einfach traumhaft auf einem schmalen in den See hineinreichenden Steg, genießt die Szenerie bei einem Latte oder Aperol Spritz.

Logenplätze am See

Ob es nun der schönste Ort der Welt ist, das mag dahingestellt sein, auf jeden Fall schafft es die Punta San Vigilio auch in unsere Übersicht der zehn schönsten Ziele am Gardasee (S. 7). Und die Konkurrenz ist groß. Wir haben erst gar nicht versucht jeden hübschen Ort dort aufzulisten. Riva del Garda, Limone, Gargnano, Gardone Riviera, Salo, Sirmione und Malcesine, um nur einige zu nennen, haben alle ihren Reiz. Schön sind aber auch Ziele, an die man gar nicht gleich denkt. So kann man auf der alten Ponalestraße (S. 59) einen herrlichen Spaziergang oder eine sportliche Mountainbiketour unternehmen – hinter jeder Kurve wartet eine neue spektakuläre Aussicht. Apropos Aussichten, unschlagbar ist diesbezüglich natürlich der Monte Baldo, ein riesiges Wander- und Freizeitgebiet, rund 1700 m über dem Lago di Garda.

Unsere Lieblingswinzer

So schön der Gardasee ist, manchmal hat man auch Lust auf Stadtluft. Wir haben Verona, der Stadtschönheit an der Etsch ein eigenes Kapitel gewidmet. Daneben lohnt Brescia einen Besuch. Wenn Sie dann noch Zeit haben, empfehle ich Ihnen einen Ausflug in die Weingegenden des Gardasees. Erst vor einigen Jahren habe ich hier den Lugana entdeckt, einen frischen leichten Weißwein. Ihn und die anderen Weine der Region kann man bei den Erzeugern probieren. Unsere Lieblingswinzer präsentieren wir Ihnen auf S. 108/109.
Herzlich

Birgit Borowski
Programmleiterin DuMont Bildatlas

Impressionen

Der Norden

Der Osten

Der Westen

UNSERE FAVORITEN

BEST OF …

DuMont
Aktiv

Genießen   Erleben   Erfahren

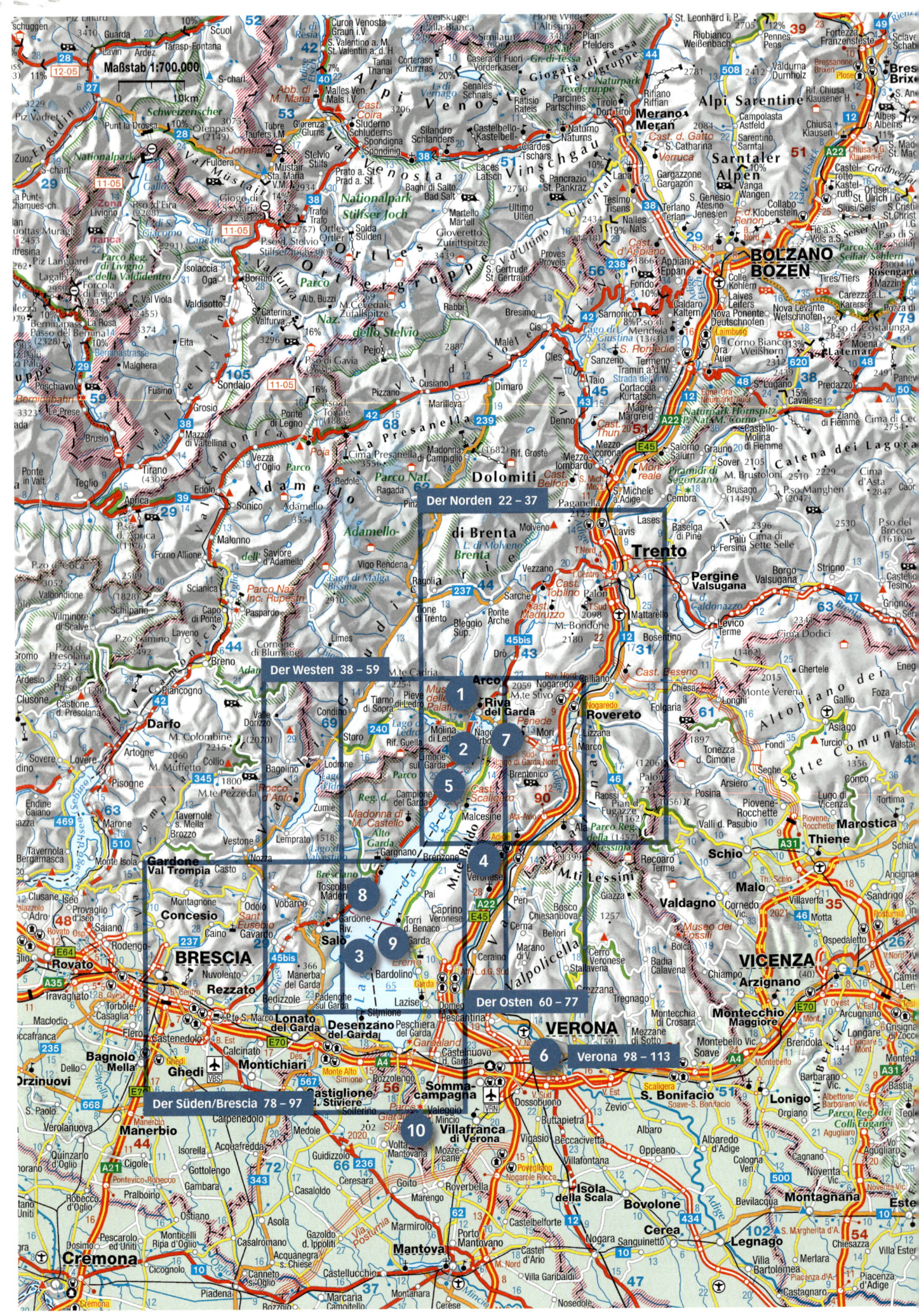

Topziele

Die bedeutendsten Sehenswürdigkeiten am Gardasee und in Verona sowie Erlebnisse, die Sie keinesfalls versäumen sollten, haben wir auf dieser Seite für Sie zusammengestellt. Auf den Infoseiten ist das jeweilige Highlight als TOPZIEL *gekennzeichnet.*

NATUR

1 Wasserfall Varone: An einen »Eingang zur Hölle« erinnerte den in Riva weilenden jungen Thomas Mann die dramatische Kulisse der Kaskade. **Seite 36**

2 Ponale: Die in steile Felswände gehauene Saumpassstraße zählt zu den schönsten historischen Panoramawegen Europas. **Seite 59**

3 Isola del Garda: Wie eine Fata Morgana erhebt sich der Palazzo mit seiner schönen Gartenanlage auf der einzigen bewohnten Insel im Gardasee. **Seite 58**

4 Monte Baldo: Wunderschön ist es, auf dem lang gezogenen Bergrücken im Westen im Blumenmeer zu schwelgen und die tolle Aussicht zu genießen. **Seite 77**

ERLEBEN

7 Torbole: Aufstehen um 6.30 Uhr früh, wenn der Pelèr verlässlich weht, um den Surfern zuzusehen oder – noch besser – gleich selbst aufs Brett zu steigen und hinaus auf den See zu fahren ... **Seite 35**

8 Gardone Riviera: Auf der Vespa die mondänste Seestrecke mit ihren historischen Grandhotels abfahren und im eleganten Ristorante Casinò auf der Terrasse lecker speisen: Was will man mehr? **Seite 58**

KULTUR

5 Limone: Eines der schönsten historischen Zitronengewächshäuser am See ist die Limonaia del Castel in Limone. **Seite 57**

6 Arena di Verona: Atmosphäre ist alles bei den Open-Air-Aufführungen in Veronas historischem Amphitheater. **Seite 111**

GENIESSEN

9 Punta San Vigilio: Am kleinen Hafenrondell unter der Pergola sitzen, Riva-Bootschönheiten aus honiggelbem Holz bewundern und Bellini trinken. **Seite 77**

10 Valeggio sul Mincio: Handgemachte Tortellini essen und dann das nahegelegene Mühlendorf Borghetto erkunden. **Seite 95**

Willkommen am See!

Um Riva del Garda stritten sich einst Veroneser, Mailänder und Venezianer, Tiroler Grafen und Trienter Bischöfe, was nicht an den Rebstöcken liegt, über die wir hier auf den Ort und das sich im Osten erhebende mächtige Bergmassiv des Monte Baldo sehen, sondern daran, dass Riva den bedeutendsten Hafen am nördlichen Gardasee hat. Wir Nachgeborenen aber dürfen uns glücklich schätzen: Darüber, dass dies einer der schönsten Urlaubsorte in Italien, wenn nicht in ganz Europa ist, gibt es nun wirklich keinen Streit. Darum fahren wir auch einfach hin!

Er hat ein knallrotes …

… Gummiboot? Eben nicht: Eine Vespa ist's, die hier am Hafen von Toscolano-Maderno steht, und es ist auch kein Er, der den fahrbaren Untersatz steuert, sondern – wie es sich in gendergerechten Zeiten gehört – eine Sie. Schön ist es so oder so, am Ufer des Sees entlangzubrausen – und im Zweifel wechselt frau sich beim Fahren auch mal ab.

Was das Herz begehrt

Verona, also. Stadt der Liebe, Romeo und Julia und so. Weiß jeder, kennt jeder. Da will auch jeder mal gewesen sein. Was dann vor Ort dazu führt, dass auch andere da sind. Ziemlich viele sogar, was man aber auch verstehen kann: Die woll(t)en ja alle mal da gewesen sein. In der Stadt der Liebe, der Sinnesfreuden, mit Wein, Weib, Gesang und einem schmachtenden Romeo sowieso. In Verona, also.

Monumentale Pracht

San Zeno Maggiore ist eine der schönsten romanischen Kirchen Norditaliens. Benannt wurde sie nach dem hl. Zeno, einem aus Mauretanien stammenden, in den Jahren 362 bis 371 amtierenden Bischof von Verona. Schon bald nach Zenos Tod errichtete man über seinem Grab eine Kirche als Vorläufer des heutigen, im 12. Jahrhundert errichteten Sakralbaus, dem im Jahr 1973 der päpstliche Ehrentitel „Basilica minor" verliehen wurde.

Nah- und Fernsicht(en)

So schön der Gardasee, aus der Nähe betrachtet,
auch ist: Seinen ganzen Reiz offenbart er doch
erst aus der Höhe betrachtet, vom Monte Baldo
aus. Über diese höchste Erhebung am Lago heißt
es auf der offenbar leicht lyrisch gestimmten
Tourismus-Website Malcesines, er sei „ein vom
Glück geküsster Berg". Und weil sich dieses
Glück auf jeden überträgt, der hier oben steht,
wollen wir diesen Satz auch einfach mal so stehen lassen.

Inselhüpfen

Wer weiß, vielleicht liegt es ja an der Gräfin, dass diese beiden Männer so stilvollendet wie möglich vom historischen Zweimastsegler „Siora Veronica" in den See springen wollen. Vielleicht steht ja die Contessa gerade auf der Veranda ihres mondänen Palastes auf der Isola del Garda und verteilt Haltungsnoten. Vielleicht hat sie aber auch gerade etwas anderes zu tun – interessierte Besucher durch ihr feudales Reich führen zum Beispiel. Dann hätte sie wohl gar kein Auge für diese beiden. Was schade wäre.

Die schönsten Hotels mit direktem
See- und Strandzugang

In bester Lage

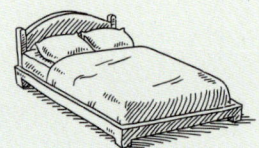

Seeblick haben die meisten Hotels am Gardasee. Doch wegen vieler Steilküsten ist wenig Platz, und so trennt oft die stark befahrene Gardesana die Unterkünfte vom See ab. Von günstig bis Luxus stellen wir Ihnen hier eine Auswahl schöner Hotels rund um den See mit direktem Strandzugang vor. Badeschuhe sind bei den Kieselsteinstränden immer hilfreich.

① Du Lac et Du Parc Grand Resort

Inmitten einer üppigen Park-anlage mit altem Baumbe-stand samt Arboretum und exotischen Pflanzen liegt in Riva dieses 4-Sterne-plus-Resort direkt am See. Beliebt bei Familien und Stammgästen sind weniger die modernen Murialdo-Suiten als die kleinen Bungalows inmitten der mediterranen Gartenpracht, die sogar auf Selbstversorger eingestellt sind.

€€€€, Viale Rovereto 44, I-38066 Riva del Garda, Tel. +39 0464 56 66 00, www.dulacetduparc.com

② Villa Tempesta

Abgeschieden und ganz allein auf einem Felsen-hang zwischen Torbole und Malcesine liegt das kleine moderne Boutique Hotel „Tempesta", was übersetzt „Sturm" bedeutet. Bei gutem Wind kann man direkt vom privaten Bootsanleger starten. Mit nur 15 Zi. fühlt man sich wie in seinem eigenen Haus mit Privatterrasse, Panoramapool und sogar einem Privatstrand.

€€€/€€€€, Tempesta 2, I-38069 Nago-Torbole, Tel. +39 0464 50 51 00, www.villatempesta.it/de/

③ Villa Monica

Die Familie Kaufmann betreibt die Villa Monica 6 km vor Malcesine schon seit 1963, weshalb es hier viele deutsche Stammgäste gibt. Alle Zimmer haben Balkon mit Seeblick, die Räume im Erdgeschoss sogar direkten Zugang hinaus zum Kieselstrand, um gleich frühmorgens eine Runde im See schwimmen zu gehen. Es gibt einen Bootsanleger und auch ein Hallenbad für kühlere Tage.

€€, Via Gardesana 211, I-37018 Malcesine, Tel. +39 045 740 03 95, www.villamonica.com

④ Santa Maria

Von seiner sportlichen Seite zeigt sich der See im Hotel Santa Maria, denn hier kann man gleich vom Hotelstrand weg segeln, surfen oder mit dem Katamaran starten – zum Haus gehört eine DSV-anerkannte Schule. Auch ein kleines Hallenbad gibt es. Die Zimmer sind einfach, haben aber alle Seeblick und manche auch einen Balkon.

€€, Via Benaco 14, I-37010 Brenzone, Tel. +39 045 742 05 55, www.bertoncellihotels.it

⑤ Hotel du Lac

In dem familiengeführten Drei-Sterne-Hotel direkt am See findet man einen breiten Kiesstrand mit viel Platz für Sonnenschirme und Liegestühle sowie einen eigenen Anlegeplatz für Boote mit Bojen. Die Seeterrasse hat eine Bar im Freien. Wer gern Tennis oder Golf spielt, findet in der Umgebung einige attraktive Möglichkeiten dazu.

€€/€€€, Via 25 Aprile 60, I-25019 Sirmione, Tel. +39 030 91 60 26, www. hoteldulacsirmione.com

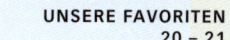

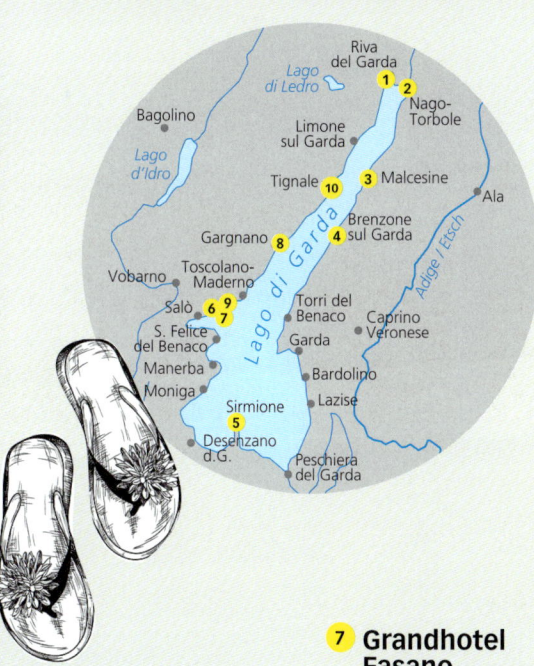

7 Grandhotel Fasano

6 Villa Vittoria

Die im Jahr 1884 erbaute Belle-Epoque-Villa, etwa 400 m unterhalb des Vittoriale von Gabriele d'Annunzio gelegen, ist ein günstiges Bed & Breakfast und dennoch eine kleine Luxusunterkunft. Die nur 8 Zimmer, zum Teil mit Balkon oder Patio, haben Zugang zu einem kleinen Garten mit Swimmingpool und einem privaten Hafenanleger.

€€, Corso Zanardelli 176, I-25083 Gardone Riviera, Tel. +39 339 869 8057, www.bnbvv.it

Schon im Jahr 1888 begann die Geschichte dieses Grandhotels, des einzigen an der mondänen Gardone-Riviera, das noch auf Fünf-Sterne-Niveau geführt wird. Der urwüchsige Park mit Beach Club und Steg, an dem zur Jahrhundertwende noch die Schaufelraddampfer anlegten, ist von außen nicht einsehbar. Dafür wird, wer die Flügeltüren seines Zimmers öffnet und auf den Balkon tritt, überall nur See sehen.

€€€€, Via Zanardelli 190, I-25083 Gardone Riviera, Tel. +39 0365 29 02 20, www.ghf.it

8 Villa Giulia

Das viktorianische Kleinod aus dem 19. Jh. und seine schöne Terrasse verströmen den Charme eines Hollywood-Klassikers der 1950er-Jahre. Jedes Zimmer unterscheidet sich im Stil wie in der Größe. Der Pool liegt in einem Park mit alten Magnolienbäumen, Dattelpalmen und Rosenstöcken. Kleiner Spa-Bereich, Sterne-Restaurant.

€€€€, Via Rimembranza 20, I- 25084 Gargnano, Tel. + 39 0365 710 22, www.villagiulia.it

9 Grandhotel Gardone

Schon Winston Churchill genoss hier angenehme Sommertage, Paul Heyse machte das Grandhotel zum Schauplatz seiner Novelle „Eine venezianische Nacht". Über einen Steg hat man direkten Seezugang, davor oder im kleinen Garten lässt es sich herrlich verweilen. Für das Frühstück gibt es eine Terrasse.

€€€€, Corso Zanardelli 84, I-25083 Gardone Riviera, Tel. +39 0365 202 61, www. grandhotelgardone.it

10 Hotel Forbisicle

Platz ist Mangelware an der westlichen Steilküste, weshalb ein hoteleigener Palmengarten direkt am See nebst Anlegestelle für Boote, Surfer und Hallenbad etwas Besonderes ist. Das in den Steilhang gebaute, seit gut 50 Jahren von der Familie Chimini geführte Haus verfügt über einfache Zimmer und ein Panoramarestaurant mit fantastischem Blick auf den Monte Baldo gegenüber.

€€, Strada Statale Gardesana Occidentale 2, I-25080 Tignale, Tel. +39 0365 79 98 80, www.hotelforbisicle.it

Balsam für Körper und Geist

In Riva blühte schon Anfang des 20. Jahrhunderts der Kurtourismus, als Europas intellektuelle Elite den Norden des Gardasees für sich entdeckte, um hier zu überwintern. Spätestens seit den 1980er-Jahren kam dann mit den Surfern eine junge und unkonventionelle Generation an den See, die bis heute das Terrain als wunderschönes Freiluftfitnessstudio nutzt.

Wo Wind und Wellen den Tag bestimmen: Schon früh am Morgen sieht man bei Torbole die vielen bunten Segel der Surfer.

Blick über Nago-Torbole hinweg auf den See.

Jedem Anfang wohnt ein Zauber inne. Auch mit dem ersten Anblick des Gardasees ist das so. Gleich hinter dem Ort Nago stoppten Arno und seine Surfer-Freunde nach der ersten steilen Serpentine auf dem Parkplatz oberhalb von Torbole, um den fantastischen Ausblick auf den See in aller Ruhe zu genießen: „Hier liegt dir der ganze Lago zu Füßen", schwärmt Arno. Denn von hier oben eröffnet sich einem dieser Endlosblick in Richtung Süden. Zeigt sich im Norden der See noch fjordartig eingebettet zwischen Felsmassiven, weitet er sich unten im Süden zu flachen Stränden wie an der Adria aus.

Der Lago-Begrüßungsstopp

Seit der ersten Fahrt der Surfer-Freunde sind nun schon mehr als 30 Jahre vergangen. Heute schläft längst keiner mehr von ihnen auf der Isomatte im VW-Bus. Die meisten mieten sich schon seit Jahren mit ihren Familien ein Ferienhaus mit Seeblick. Doch bei jeder Reise macht Arno noch immer auf dem Parkplatz seinen ersten „Lago-Begrüßungsstopp", wie er das nennt. Fast jedes Mal hat er auch ein Erinnerungsfoto gemacht. Dass der Gardasee darauf immer anders aussieht, liegt nicht etwa daran, dass es sich einmal um ein vergilbtes Printfoto, ein anderes Mal um ein Uralt-Dia oder wie in

den letzten Jahren um ein Digitalbild mit dem Smartphone handelt. Dieser See führt einfach sein Eigenleben.

Manchmal liegt er vor einem so glatt wie ein Spiegel, ein anderes Mal kann er wild sein wie das Meer und schickt meterhohe Wellen ans Ufer. Dann kommt man kaum mehr gegen seine Strömung an. Tempesta – Sturm – heißt nicht ohne Grund ein kleiner Ort hier an der Nordküste direkt am See. Und dann diese Farben: Kurz vor einem Gewitter, wenn sich

Kurz vor einem Gewitter beginnt der See zu leuchten.

der Himmel mit dunklen Wolken überzieht, beginnt der See oft in karibischem Blaugrün zu leuchten. An Wintertagen ist er häufig tiefschwarz, während er im Sommer bisweilen in glitzerndem Aquamarinblau zum erfrischenden Bad lockt.

Vom Rand- zum Trendsport

An solchen Tagen schaut Arno regelmäßig in der Windsurfschule von Vasco Renna in Torbole vorbei, um eine Runde auf dem Board zu drehen oder einfach nur der alten Zeiten wegen. Denn Vasco ist am Gardasee einer der Pioniere des

Surfsports. Anfangs galt er noch als Exot, als er vormittags mit dem Nordwind zum Spaghetti-Essen nach Malcesine surfte und am Nachmittag, als der Südwind pünktlich wie ein Schweizer Uhrwerk einsetzte, wieder zurück nach Hause fuhr. „Stehsegeln" nannte man damals das gemächliche Surfen noch.

„Gästen war es bei uns im Norden viel zu windig, außer ein paar Rentnerbussen war hier kaum was los", erinnert sich Vasco. Doch Anfang der 1980er-Jahre nahm der Surfsport durch einen Trend aus den USA plötzlich Fahrt auf. Der mehrfache Windsurf-Weltmeister Robby Naish hatte die Boards gekürzt und sie mit Fußschlaufen ausstaffiert, sodass man nun bei hohem Tempo plötzlich mit beeindruckenden Sprüngen abheben konnte. Bald zog es vor allem junge Leute an den Gardasee, die den Wind dort super cool fanden, bis drei Uhr nachts feiern wollten und nach Fleisch und Bier statt nach Schongemüse verlangten.

Vasco zeigt eine alte Luftaufnahme vom Gardasee, auf der es vor Surfern

Schöne Außenfresken schmücken den im Stil der venezianischen Renaissance restaurierten Palazzo del Ben an der Piazza Rosmini in Rovereto.

Unübersehbar thront das Castel Beseno – die größte Befestigungsanlage der Region – über dem Val d'Adige. Die spektakuläre Gestaltung des Museo di Arte Moderna e Contemporanea di Trento e Rovereto (MART) in Rovereto entwarf der Schweizer Stararchitekt Mario Botta.

Das MART ist laut Selbstdarstellung „ein einladender Ort, reich an Emotionen, überraschend und innovativ". Links im Bild: Fortunato Deperos, „La toga e il tarlo", 1914.

Riva: Von der Piazza Garibaldi fällt der Blick auf die zu Beginn des 16. Jahrhunderts aus grauem Naturstein an den Hängen des Monte Rocchetta erbaute, 1703 von französischen Truppen zerstörte Bastion.

Sundowner gefällig? Zentral an Rivas Seepromenade gelegen, bietet die Lounge Bar Spiaggia degli Olivi coole Drinks und einen herrlichen Blick von der Terrasse auf den Lago – besonders stimmungsvoll, wenn die Sonne allmählich hinter den umliegenden Bergen verschwindet.

Der „schiefe Turm von Riva": 35 Meter hoch erhebt sich der im Jahr 1220 erstmals urkundlich erwähnte Torre Apponale an der Ostseite der Piazza 3 Novembre beim alten Hafen der Stadt.

Riva la Diva: Bis zum Jahr 1918 gehörte der einzige größere Ort an der nördlichen Spitze des Gardasees noch zur Doppel-
monarchie Österreich-Ungarn, bis 1931 war hier der Seeweg – mangels Uferstraße – die einzige Verbindung in den Süden.

nur so wimmelt. „An manchen Tagen hätte man trockenen Fußes über den See laufen können, so viele waren mit ihren Surfboards draußen", schwärmt der Surfprofi. Damals veränderte sich auch das Gesicht von Torbole, nicht nur weil mangels Infrastruktur anfangs plötzlich viele nackt am Strand standen, um sich umzuziehen. Zahlreiche Kneipen und Clubs zum Abhängen des Jungvolks entstanden, aus armen Fischern und Olivenbauern wurden dann bald wohlhabende Hotel- und Restaurantbesitzer. Schließlich dauerte es nicht lange, bis die ganze Weltelite des Surfsports an den Lago zum Trainieren kam. Auch der heute 62-jährige Vasco hat eine erfolgreiche Karriere

vom Surfcrack (der Italien 1984 zu den Olympischen Spielen nach Los Angeles begleitete) bis zum Trainer und Unternehmer mit eigenem Windsurfcenter in Torbole hinter sich. Längst sind seine vier Kinder alle sportlich aktiv auf dem heimischen Gewässer unterwegs. Sohn Nicolò surft für den Circolo Surf Torbole inzwischen so professionell, dass er im Jahr 2018 bei den Olympischen Jugend-Sommerspielen in Buenos Aires Zweiter wurde. Selbst wenn heutzutage vor Torbole kaum mehr als 300 Surfer gleichzeitig unterwegs sind, ist und bleibt der trentinische Teil des Gardasees ihr festes Revier, weshalb hier weder private Motorboote noch Kiter aufs Wasser dürfen.

Freiheiten in der Schweinebucht

Die weltbesten Nichtprofis surfen auch heute noch gern in der legendären Schweinebucht. Diese liegt schwer zugänglich unter steilen, fast überhängenden Felsklippen etwa auf Höhe des Grenzsteins Trentino/Lombardei. Früher hatte sie auch den Spitznamen „Ho'okipa" des Gardasees. Nicht nur für Arno und seine Surfer-Freunde wäre der Ho'okipa Beach auf der hawaiianischen Insel Maui mit Wellen von bis zu 20 Metern damals der traumhaftere Surfspot gewesen. Aber preiswerter und schneller erreichbar war und ist für die Münchner eben der Gardasee, wo das süße Leben bei Holzofenpizza und einer Flasche Bardolino auch

Links: Surfer bei Torbole. Rechts: Blick auf la Rocca – Rivas im Jahr 1124 auf einer kleinen Insel errichtete Wasserburg.

Il Bastione di Riva del Garda: Blick von der Festungsruine auf die ihr zu Füßen liegende Stadt.

Im Hafen von Riva startet u.a. der Schaufelraddampfer »Zanardelli« von 1903 seine Runden über Limone, Malcesine und Torbole auf dem See.

Wenn es Nacht wird in Riva – sitzt man besonders stimmungsvoll direkt am Seeufer bei Pasta und Wein.

Ein Fest für die Sonne

Special

O sole mio!

Wohl nirgends am Lago wird die Rückkehr der Sonne mehr gefeiert als in dem kleinen Dorf Pre am Fuß des Monte Carone (1621 m).

Das hat seinen Grund: Schließlich muss der Ort, der auf halbem Weg von Riva zum Ledrosee liegt, jedes Jahr fast vier Monate auf die wärmenden Strahlen verzichten. Denn wenn die Sonne von Mitte November an Sankt Martin bis Anfang Februar zum Tag der heiligen Agathe tiefer steht, kann sie die hohen Berggipfel nicht mehr passieren. Als „Malmauri" (die „Unreifen") werden deshalb die Einwohner verspottet. Doch sobald Pre wieder aus seinem Schattendasein tritt, wird dieses Ereignis jedes Jahr aufs Neue mit einem Sonnenfest zelebriert. Ein eigens bestimmter „Bürgermeister der Sonne", der „Sindaco del Sole", ist für die Organisation von Musik und lokalen Speisen verantwortlich. Zum Fest kann man auch eine alte Nagelschmiede mit tra-

Sehnsucht nach Sonne: Wandgemälde in Pre.

ditionellen Werkzeugen besichtigen, mit denen früher Schuhe besohlt wurden. Bis zum Aufkommen von Gummi war die Nagelherstellung eine der Haupteinnahmequellen des Tals. Im Ersten Weltkrieg konnten sich die Männer sogar vom Wehrdienst befreien lassen, wenn sie 1000 Nägel pro Tag herstellten.

nicht zu verachten ist. Der Name „Schweinebucht" ist nach Vascos Interpretation der Illegalität geschuldet, mit der Surfcracks wie er damals den Platz für sich okkupierten und Wildcampen am Strand mit Lagerfeuer, Love, Drugs & Rock and Roll genauso zur Lebensphilosophie gehörten wie das Nackt-Surfen bei Nacht. Man lagerte seine Boards in den Bäumen, wartete auf den perfekten Wind und fachsimpelte darüber zum Beispiel, dass sogenannte „Flößer" – die lange Bretter von mehr als 2,50 Metern fuhren – nichts in der Schweinebucht verloren hatten, also besser Hackengas geben und in Torbole surfen sollten.

Nicht nur der Mythos Schweinebucht ist inzwischen ein wenig verblasst, seit die Polizei mit Jetskis aufgerüstet hat und regelmäßig vorbeischaut. Auch das Publikum ist längst vielseitiger auf dem See unterwegs, locken doch noch viele andere Sportarten wie Stand-Up Paddling, Katamaranfahren, Mountainbiken oder Klettern. Und so erweist sich der klassische Surfsport von einst heute eher als Urmutter ungezählter Funsportarten unter der Sonne des Südens.

Der Lago als Winterziel
Dabei war der Lago anfangs noch keine Sommerdestination. Die ersten Gäste kamen im Winter, um daheim der feuchten

Wie ein Adlerhorst thront die im 12. Jahrhundert errichtete Burg der Grafen von Arco auf einem nach Norden hin steil abfallenden Felsen.

Kälte und den kaum beheizbaren Wohnungen zu entgehen. Wer sich auch mal im Sommer an den Lago wagte, fand es ausgesprochen vorteilhaft, dass die Sonne sich im Norden bereits ab 16.00 Uhr hinter hohe Felswände verabschiedet – bis dahin flanierte man durch schattige Parkanlagen, um auf keinen Fall die noble Hautblässe aufs Spiel zu setzen.

Ein kaiserliches Urlaubsdomizil

Nach dem Friedensvertrag 1866, durch den Venetien an Italien fiel, wurde die Nordküste des Gardasees zum Urlaubsdomizil des habsburgischen Kaiserreichs. In Riva gründete der Wiener Homöopath Christoph Hartung von Hartungen 1888 ein Reform-Sanatorium, was auch die damals aufkommende Psychoanalyse mit einbezog. Mit Dampfbädern, Heilgymnastik, Luft- oder Ruderkuren wurde vor allem die Neurasthenie, das Burn-Out-Syndrom der damaligen Zeit, behandelt: „Raste nie, doch haste nie, sonst haste die Neurasthenie", brachte es der Dramatiker Otto Erich Hartleben auf den Punkt.

Bereits um 1900 war das Sanatorium bevorzugter Treffpunkt der geistigen Elite Europas, darunter Gäste wie Heinrich und Thomas Mann, Sigmund Freud, Franz Kafka oder Christian Morgenstern. Die moderne Welt war aus den Fugen geraten, und der Gardasee versprach Balsam für die Seele und einen Ort, an dem man ungestört philosophieren und neue Denkweisen entwickeln konnte. So wurde der Sohn des Sanatoriumgründers eines Tages Zeuge des Bruderzwistes zwischen Heinrich und Thomas Mann, als er beide auf den See hinausruderte, wo sie sich ob ihrer unterschiedlichen Weltanschauungen lautstarke Wortduelle lieferten, was sich später in Thomas Manns „Betrachtungen eines Unpolitischen" und Heinrich Manns „Zola"-Essay niederschlug.

Prophetische Worte

In Thomas Manns „Zauberberg" fand auch sein Aufenthalt im Sanatorium von Hartungens und sein Ausflug zum Wasserfall von Varone oberhalb von Riva Eingang in die Weltliteratur, wenn auch etwas versteckt zwischen den Zeilen, da der Autor das Geschehen später in die Schweiz verlegte. Als warnende Rufe vor dem drohenden Zweiten Weltkrieg wird das Ende des Romans oft gedeutet, in dem er die Besucher dicht an den Abgrund des zwischen engen Felsenschluchten tosenden Wasserfalls herantreten und sie vom Wasserdunst einnebeln lässt: „das Schauspiel, diese Dauerkatastrophe aus Schaum und Geschmetter, deren irres und übermäßiges Brausen sie betäubte, ihnen Furcht erregte und Gehörstäuschungen verursachte. Man glaubte hinter sich, über sich, von allen Seiten drohende und warnende Rufe zu hören, Posaunen und rohe Männerstimmen."

Anknüpfungspunkte an Rivas glanzvolle Zeit als Diva gäbe es viele, drängt es doch Touristen heutzutage geradezu nach Orten mit Geschichte und Geschichten. Doch den noblen Kurortcharme hat man bislang nicht wirklich wiederbelebt. Zwar wurde das architektonisch wunderschöne Strandbad Spiaggia degli Olivi aus den 1930er-Jahren inzwischen restauriert, doch wo sich einst der ganze Ort in mondänem Ambiente zum Schwimmen und Sonnenbaden traf, haben nun die Boote des Segelclubs den Platz okkupiert, während trotz Bestlage am See das historische Gebäude des ehemaligen Reformsanatoriums zur Ruine verfällt.

Ginge es nach Arno und seiner Frau Lisa, könnte der See ruhig auch im Winter mehr bieten. Zwar gibt es in den beiden exklusivsten Hotels von Riva, dem Du Lac et du Parc und dem Lido Palace, so vielfältige Wellnessprogramme, dass die beiden wie Aphrodite und Adonis aus dem Bade steigen könnten. Aber nicht im Winter: Denn dann sind die meisten Hotels und Restaurants geschlossen, alles versinkt im Dornröschenschlaf. Vermutlich braucht der See das, um seine Gäste danach wieder mit dem Zauber des Neuanfangs verwöhnen zu können.

Links: Stand-Up Paddling bei der Cascata del Ponale in der Nähe von Pregasina. Rechts: Auf gut gesicherten Wegen erkunden lässt sich das Naturschauspiel der Cascata del Varone.

Eine schöne Aussicht verspricht das Klettergebiet „Belvedere" oberhalb von Nago.

Schon vor 4000 Jahren befand sich an den Ufern des Lago di Ledro ein Pfahlbautendorf. Heute gehören die hier gefundenen Zeugnisse aus dieser Zeit zum Welterbe der UNESCO.

KREUZ UND QUER

Der Freischwimmer

*Der 1971 in Malcesine geborene Alessandro Furioni (www.alessandro
furioni.blogspot.com) ist ein Ausnahmesportler. Einheimische nennen ihn
den „Delfin des Gardasees". Er nimmt den See mit anderen Sinnen wahr,
denn er ist blind. Eine seiner Lieblingsbeschäftigungen: den Gardasee
in allen Himmelsrichtungen zu durchschwimmen.*

Bereits im Jahr 2011 gelang es Alessandro Furioni, erfolgreich vom Westufer in San Felice hinüber nach Garda zum Ostufer zu schwimmen. Das sind etwa 13 Kilometer. Wie schafft man das, wollten wir von ihm wissen, wenn man nichts sehen kann?

Alessandro Furioni: *Ohne monatelanges Schwimmtraining geht es nicht. Auf dem See sind noch dazu Schiffe, Surfer oder Kiter unterwegs, die einen nicht sofort erkennen können. Zur Orientierung werde ich von einem vorausfahrenden Boot begleitet, das einen akustischen Ton abgibt, den ich über Kopfhörer wahrnehme. Zum Schwimmen benutze ich Flossen, zum Schutz vor Unterkühlung trage ich einen Neoprenanzug. Meine Hände liegen auf einem kleinen Tablett, das mit dem Boot verbunden ist und über das ich mit Energieriegeln, isotonischen Getränken und viel Trinkwasser versorgt werde. Unter normalen Bedingungen schwimmt man so etwa zwei bis drei Kilometer pro Stunde.*

Beim Versuch, den See in seiner enormen Nord-Süd-Länge auf einer Strecke von fast 52 Kilometern zu durchschwimmen, sind Sie danach mehrfach gescheitert. Das letzte Mal nur ganz knapp. Woran hat es gelegen?
Am Wetter und an der Gegenströmung. Normalerweise verläuft die Strömung am Vormittag von Nord nach Süd, ab Nachmittag bis in die Nacht wechselt sie dann in die Gegenrichtung. Aber ein Gewitter oder ein Wetterumsturz kann alles durcheinanderbringen. Bei meinem ersten Versuch im Sommer 2015 bin ich zu spät in Riva gestartet. Das Wetter verschlechterte sich – nach etwa 18 Kilometern kam ich bei Cassone wegen heftig einsetzender Gegenströmung nicht mehr vom Fleck und musste aufgeben. Ein Jahr später begann ich dann lieber von Süden in Peschiera. Bis San Vigilio lief alles wunderbar, doch der Ort Tempesta heißt nicht ohne Grund „Sturm". Bei einem starken Gewitter musste ich zur Sicherheit aus dem Wasser, obwohl ich nach 16 Stunden und 40 Minuten noch immer topfit war und auch

schon 50 Kilometer hinter mir hatte. Ich war kurz vor dem Ziel und Riva schon zum Greifen nahe.

Können Sie für den nächsten Versuch nicht einfach den schönsten Tag im Jahr abpassen?
Nein. So ein Event wird lange vorher geplant. Viele Leute wollen zu den Häfen kommen, um mich anzufeuern und zu applaudieren. Einmal bin ich so schnell geschwommen, dass ich an Ort und Stelle erst noch ein paar Ehrenrunden drehen musste, weil noch niemand da war. Allein meine Schwimmbegleitung kostet pro Tag etwa 3000 Euro. Das ist ohne lokale Sponsoren nicht zu machen. Aber ich würde jederzeit wieder einen neuen Versuch starten.

Wissen Sie auch ohne Funkkontakt, wo Sie sich genau befinden?
Immer. Denn meine anderen Sinne funktionieren viel intensiver. Ich höre die Wellen, rieche den Wind und spüre die Wärme der Sonne. Meinen Geburtsort Malcesine erkenne ich vom Wasser aus an dem unverwechselbaren Klang der Turmglocken.

Einheimische nennen Sie den „Delfin des Gardasees". Sind Sie im Wasser besser unterwegs als an Land?
Auch an Land treibe ich Sport: Showdown, eine Art Tischtennis für Blinde, mit dem ich es bis in das italienische Nationalteam geschafft habe. Ich bin erst seit etwa neun Jahren durch eine Netzhauterkrankung erblindet und habe ein gutes fotografisches Gedächtnis. Weil ich mich noch an Wege und Straßen daheim erinnern kann, bin ich hier unabhängiger als anderswo, auch weil mich alle Leute kennen.

Wo schwimmen Sie als nächstes?
Beim Neujahrsschwimmen in Brenzone drehe ich am 1. Januar immer meine erste Runde im See. Zu dieser schönen Tradition trifft sich eine mutige Truppe von etwa 40 Leuten schon seit mehr als 30 Jahren. Die Wassertemperatur liegt dann meist unter 9 Grad. Einen Neoprenanzug zu tragen ist aber nicht erlaubt.

Oben: Vom Monte Baldo aus bekommt man einen guten Eindruck davon, was es bedeutet, den See in seiner ganzen Nord-Süd-Ausdehnung durchschwimmen zu wollen.

Unten: Beim Schwimmen wird Alessandro zur Orientierung von einem vorausfahrenden Boot begleitet.

Linke Seite: Alessandro Furioni in „seinem Element".

Wo der Süden beginnt

Wer in den Norden des Gardasees will, verlässt in Rovereto Sud die Autobahn. Hat man die Serpentinenstraße bei Nago hinter sich, tauchen mit Zypressen und Oleanderbäumen die ersten Vorboten des Südens auf. Plötzlich liegt einem der ganze Gardasee zu Füßen: Endlich angekommen!

❶ Rovereto

Das Städtchen (39 400 Einw.) ist nicht nur das Tor zum nördlichen Gardasee, sondern es trägt heute auch den Titel „Stadt des Friedens". Zahlreiche Monumente zeugen von dem im Ersten Weltkrieg schwer umkämpften Ort, in dem die Front zwischen Italienern und Österreichern mitten durch die Stadt verlief.

SEHENSWERT/MUSEEN

In der Altstadt erinnern **Palazzi** mit venezianischem Einfluss und alte Bürgerpaläste im Stil des Barocks und der Renaissance an die Blütezeit der Stadt. So war das Barocktheater **Riccardo Zandonai** (1783) das erste Theater im Trentino. Über dem Ort thronen das Beinhaus **Castel Dante** und die Festungsanlage **Castello di Rovereto** (um 1300). Im Kastell befindet sich Italiens größtes historisches

Trutzig: das Castello di Rovereto. Oben rechts: die Gefallenenglocke Maria Dolens. Unten: im Museo di Arte Moderna e Contemporanea di Trento e Rovereto (MART).

Kriegsmuseum, das **Museo Storico Italiano della Guerra** (www.museodellaguerra.it, Di. bis So. 10.00–18.00 Uhr). Die **Gefallenenglocke Maria Dolens** oberhalb des Beinhauses läutet jeden Abend als Mahnung gegen alle Kriege. Sie ist die größte freischwebende Glocke der Welt, wiegt 22 639 kg und wurde aus Kanonen der am Ersten Weltkrieg beteiligten Staaten gegossen. Das **Kunstmuseum MART** (Museo di Arte Moderna e Contemporanea di Trento e Rovereto) ist eines der größten Museen für moderne und zeitgenössische Kunst in Italien (www.mart.tn.it; Di.–So. 10.00–18.00, Fr. bis 21.00 Uhr).

HOTEL

Das **€€€ Relais Palazzo Lodron** (Via Conti Lodron 5, I-38060 Nogaredo, Tel. +39 0464 41 31 52, www.relaispalazzolodron.com) aus dem 16. Jh. gehört noch heute einer Grafenfamilie. Der mit Pool und Biosauna ausgestattete Palazzo ist von Weinbergen der Vallagarina umgeben und liegt nur 1 km von der Autobahnausfahrt Rovereto Nord entfernt.

UMGEBUNG

Für das leckerste Eis der ganzen Gardaseeregion lohnt ein Abstecher nach **Mori** in die Gelateria Bologna (Via Garibaldi 12, Tel. +39 0464 91 84 75, www.gelateriabologna.it). In einer eleganten Villa aus den 1920er-Jahren

mit großer Terrasse gibt es Eiscremesorten nur mit frischen Zutaten der Saison: Himbeereis aus echten frischen Himbeeren!

INFORMATION

Tourismusverband, Corso Rosmini 21, I-38068 Rovereto, Tel. +39 0464 43 03 63, www.visitrovereto.it/de/

❷ Nago-Torbole

Die Gemeinde Nago-Torbole (2800 Einw.) setzt sich aus **Torbole TOPZIEL**, dem oberhalb gelegenen **Nago** und dem südlich nur aus wenigen Anwesen bestehenden **Tempesta** zusammen. Vor allem das an der Mündung des Sarca-Flusses in den Gardasee gelegene Torbole hat seine Infrastruktur auf Surfer ausgerichtet.

SEHENSWERT

An der **Casa Alberti** in Torbole erinnern ein Medaillon und eine Inschrift über einem kleinen Brunnen an den Aufenthalt von Johann Wolfgang von Goethe 1786. Das Gebäude liegt

---

Tipp

Die Höhenburg

Wie eine mächtige Krone sitzt das **Castello di Beseno** auf einem Hügel. Jedem, der von Rovereto das Vallagarina durchquert, fällt diese größte Wehranlage des Trentino sofort auf. Denn sie thront an einer strategisch wichtigen Straße, die Italien mit Mitteleuropa verbindet. Seit 1470 gehörte die Burg den Grafen von Trapp. Bevor sie zu verfallen drohte, vermachten die Grafen sie der Provinz Trient. Nach Restaurierungsarbeiten ist Beseno nun für Besucher und Veranstaltungen geöffnet.

www.visitrovereto.it/de/entdecken/schlosser/castel-beseno/

von der Straße aus nicht einsehbar versteckt im Ortsinneren. Am Hafen fällt dagegen sofort die **Casa del Dazio** auf, das von den Österreichern im 18. Jh. errichtete ehem. Zollhäuschen. Heute ist es in Privatbesitz der Tonelli Hotels, die das stets blumengeschmückte Häuschen für Gäste auf ein Glas Wein mit Musik jeden Fr. und So. öffnen (www.tonellihotels.com/de/casa-del-dazio).

ERLEBEN

Gleich hinter dem Ort Nago nach der ersten steilen Serpentine lohnt der Stopp auf dem Parkplatz oberhalb von Torbole. Auf einem Felsplateau erlebt man das Endlich-angekommen-Gefühl mit dem ersten fantastischen Ausblick auf den See. Ein paar Meter weiter die Hauptstraße hinunter kann man sich in einer kleinen Bar mit Eis und Getränken versorgen.

VERANSTALTUNGEN/AKTIVITÄTEN

Die wichtigsten Termine für Surfer zu **Wettbewerben und Meisterschaften**: www.circolosurftorbole.com. Weitere Sport-Events: www.gardatrentino.it/de/gardasee-veranstaltungen/. Ein guter Treffpunkt, um sich rund ums Surfen über Equipment und Schulen zu informieren, ist der **Circolo Surf** (Via della Lova 1, Tel. +39 0464 50 53 85, www.circolosurftorbole.com), der auch über einen eigenen Strandabschnitt verfügt, oder gleich nebenan das Windsurfingcenter **Vasco Renna** (Parco della Pavese 9, Tel. +39 0464 50 59 93, www.vascorenna.com, siehe auch DuMont Aktiv, rechte Seite).

RESTAURANT/BAR

Will man nicht nur auf die Schnelle Pizza und Pasta, lohnt die kurze Fahrt hinauf nach Nago in die alte Burgruine, wo im €€€ **Al Forte alto** der Chef Marcello Franceschi eine gepflegte Osteria mit trentinischer Küche betreibt (Via Castel Penede 16, Tel. +39 0464 50 55 66, www.alfortealto.it).
In der **Wind's Bar** (Via Matteotti 9, Tel. 0464 50 52 32, www.windsbar.com) von Torbole kann man mit vielen Surfern bei einem Snack, Aperol Spritz oder Eisbecher abhängen.

HOTEL

Mit Wasch- und Werkstattplatz sowie Übernacht-Wäscheservice ist das €/€€ **Aktivhotel Santalucia** (Via Santa Lucia 6, Tel. +39 0464 50 51 40, www.aktivhotel.it) ganz auf Radfahrer eingestellt.

UMGEBUNG

Die **Marmitte dei Giganti** sind in einem gut einstündigen Fußmarsch erreichbar. Sie entstanden während der Gletscherschmelze vor etwa 50 000 Jahren. Der **Gardasee-Panoramaweg** von Busatte nach Tempesta folgt dem Ostufer des nördl. Gardasees von Torbole nach Süden über ca. 11 km, bisweilen mit spektakulären Stahlstufen.

INFORMATION

Tourismusverband, Lungolago Conca d'Oro 25, I-38069 Torbole sul Garda, Tel. +39 0464 50 51 77, www.gardatrentino.it/de/gardasee/

Oben links: Päuschen im Hafen von Riva.
Oben rechts: Osteria Il Gallo an Rivas Piazzetta San Rocco. Unten: am Pini Beach in Riva.

❸ Riva del Garda

Schon gegen Ende des 19. Jh.s entwickelte sich Riva (17 100 Einw.) dank seines milden Klimas zum mondänen Kurort.

SEHENSWERT/MUSEUM

Zentrum von Riva ist die **Piazza III Novembre** direkt am Hafen, die von venezianisch-lombardischen Gebäuden und Laubengängen aus dem 13. Jh. gesäumt ist. Hier fällt besonders der leicht schiefe **Torre Apponale** (1220) auf, der früher Vorratsspeicher, Kerker und Beobachtungsposten war und den man heute in 165 Stufen erklimmen kann (Juni–Sept. tgl. 10.00–18.00 Uhr, März bis Mai u. Okt./ Nov. Mo. geschl.). Gegenüber liegt die Wasserburg **La Rocca** (1124), heute **Museo Alto Garda (MAG)**. Gezeigt werden hier eine Gemäldesammlung, archäologische Funde und Wechselausstellungen (Tel. +39 0464 57 38 69; www.museo altogarda.it/de; Juni–Sept. 10.00 bis 18.00 Uhr, März–Nov. Mo. geschl.). Neben der Burg liegt die **Spiaggia degli Olivi**, ein ehemaliges Strandbad im Design der 1930er-Jahre. Heute wird es als Bar und Eventlocation genutzt (www.spiaggiadegliolivi.it). An der Westseite des Sees liegt das mit monumentalen Skulpturen geschmückte **Wasserkraftwerk Ponale** aus den 1920er-Jahren, das über unterirdische Stollen mit Wasser aus dem 500 m höher gelegenen Ledrosee gespeist wird. Als Dank für seine glückliche Vollendung errichteten Bergleute auf 610 m im Rocchetta-Massiv das Kirchlein **Santa Barbara**, in ca. 3 Std. zu Fuß zu erreichen. Darunter befindet sich die ehemalige venezianische **Bastion** (1508), in ca. 30 Min. zu Fuß zu erreichen; beide mit bestem Blick auf Riva.

VERANSTALTUNGEN/AKTIVITÄTEN

Die Märchennacht **Notte di Fiaba** findet immer mit dem größten Feuerwerk am See zum Ende der Hochsaison statt (Terminplaner zu allen Kultur- und Sportveranstaltungen: www.gardatrentino.it/de/gardasee-veranstaltungen/). Neben Wassersport, Mountainbiken, Trekken und Klettern ist in 15 m Tiefe für Taucher die Statue des **Cristo Silente** im Hafen **San Nicolò** ein ausgefallenes Highlight. Es ist das Werk des Rivaner Künstlers Germano Alberti (Ausrüstungsverleih und Kurse bei Club Gruppo Sommozatori Fipsas, Viale Rovereto 140, Tel. +39 0464 56 73 18, www.grupposommozzatoririva.it).

EINKAUFEN

Wochenmarkt: 2. u. 4 Mi. im Monat. **Fangfrische Fische** von Alberto Rania bekommt man von Anf. April bis Mitte Nov. Di. u. Fr. von 10.00 bis 12.00 Uhr direkt vor der Rocca beim Brolio-Park in Riva (Tel. +39 333 485 92 60, www.albertorania.it).

RESTAURANT

Abseits des trubeligen Zentrums werden in der €€€ **Locanda Restel de Fer** typisch trentinische Gerichte wie Carne Salada (gepökeltes Rindfleisch) oder Gardaseefische aufgetischt (Restel de Fer 10, Tel. +39 0464 55 34 81, www.resteldefer.com).

HOTEL

Im Ortszentrum liegt das €€ **IV Garden** (Viale Martiri XVIII Giugno 4, Tel. +39 0464 56 75 77, www.holiday4gardan.it) in frischen Farben und in modernem Design gestaltet.

UMGEBUNG

Etwa 3 km nordwestlich des Stadtzentrums von Riva erreicht man den zwischen Felsengrotten tosenden **Wasserfall Varone** TOPZIEL mit 100 m Fallhöhe, der schon Thomas Mann faszinierte; www.cascata-varone.com/de. In Richtung **Tennosee** liegt das heute autofreie **Canale di Tenno**, das wegen seiner verwinkelten Gassen als eines der schönsten Bergdörfer Italiens gilt. Die **Casa degli Artisti**, das Haus der Künstler, steht Malern und Bildhauern zur Verfügung, und im August findet ein Mittelalterfest statt. Gut 15 km südwestl. von Riva liegt der **Ledrosee** mit einer prähistorischen Pfahlbautensiedlung.

INFORMATION

Tourismusverband, Largo Medaglie D'Oro al Valor Militare 5, I-38066 Riva, Tel. +39 0464 55 44 44, www.gardatrentino.it/de/gardasee/

④ Arco

Der Burgberg von Arco (17 588 Einw.) war schon um das Jahr 1000 besiedelt. Später ließ Erzherzog Albrecht von Habsburg hier seine Winterresidenz bauen. In dieser Zeit entstanden zahlreiche Jugendstilvillen, die bis heute das Ortsbild prägen. Arco ist ein wichtiger Treffpunkt für Freeclimber und Mountainbiker. Anglerfreunde finden ihr Terrain in der Sarca, dem Zufluss des Gardasees.

SEHENSWERT
Ortsmittelpunkt ist die **Piazza III Novembre** mit dem **Palazzo Marchetti** (1550) und der Pfarrkirche **Collegiata** (17. Jh.), einem bedeutenden Sakralbau der Trentiner Renaissance. Die mittelalterliche Burgruine des **Castello di Arco** überragt den Ort und ist in ca. 20 Min. zu Fuß zu erreichen. Von hier oben hat man einen schönen Blick ins senkrecht abfallende, etwa 100 m tiefe Sarcatal.

VERANSTALTUNGEN
Rock-Master-Kletterwettkampf in verschiedenen Disziplinen (siehe Tipp, unten).

INFORMATION
Tourismusverband,
Viale delle Palme 1, I-38062 Arco,
Tel. +39 0464 53 22 55, www.garda trentino.it/de/gardasee/

Tipp

Ab in die Wände!
....

Die Berglandschaft rund um Arco ist das **Kletterzentrum** des Gardasees. Hier birgt jede Kletterwand ihre eigene Herausforderung, weil man an unterschiedlichen Wänden auch verschiedene Kletterarten ausprobieren und von jeder einzelnen ein anderes atemberaubendes Panorama bestaunen kann. In etwa 80 Klettergebieten sind sämtliche Schwierigkeitsgrade vertreten bis hin zu senkrechten Steilwänden. Als inoffizielle Weltmeisterschaft im Klettern gilt der Wettbewerb **Rockmaster**, der jedes Jahr Ende Juli/Anfang August in Arco ausgetragen wird.

www.gardatrentino.it/de/
klettern-gardasee/

Genießen   Erleben   Erfahren

DuMont Aktiv

Wellenreiten für Windsüchtige

Langschläfer unter den Surfern haben am Lago ziemlich schlechte Karten, denn der Vento beginnt sich manchmal schon ab neun Uhr früh langsam wieder zurückzuziehen in Richtung Norden: Der – auch Pelèr genannte – kühle Vento weht meist von 22.00 bis 11.00 Uhr von Nord nach Süd, der warme Südwind, die Ora, nimmt ab 12.00 Uhr bis zum Sonnenuntergang die umgekehrte Richtung. Dieser stete Wechsel ist so zuverlässig, dass man jeden Tag regelrecht die Uhr danach stellen kann, sofern nicht ein Gewitter alles durcheinanderbringt.

Nur im Norden, wo der Gardasee schmal und gebirgig ist, entsteht eine Art Düseneffekt, wenn die Luft durch das enge Tal gepresst wird und so an Tempo gewinnt. Plätze mit besten Windstärken sind vor Torbole, wenn der Südwind direkt auf den Ort bläst, und bei Nordwind am Hotel Pier – auf halber Höhe zwischen Riva und Limone, wo auch die legendäre Schweinebucht liegt. Mit bis zu 60 km/h sausen hier ausschließlich Cracks über den See.

Ein ideales Gebiet für Anfänger sind die Maroadi-Bucht in Torbole oder die Bucht von Val di Sogno bei Malcesine, denn beide liegen fast immer im Windschatten. Und wenn mal richtig Flaute ist, kann man in Brenzone seit Kurzem auch aufs Elektro-Surfbrett umsteigen und mit 25 km/h eine halbe Stunde lang sogar ohne Wind und Wellen surfen.

Weitere Informationen

Im Norden gibt es die besten Surfspots und die meisten Surfschulen.

Langjährige Erfahrung als Anbieter haben z.B. Vasco Renna Windsurfingcenter in Torbole, **www.vascorenna.com**, oder der Ex-Surfweltmeister Heinz Stickl in Malcesine/Val di Sogno, **www.stickl.com**

Surfen mit Elektro-Surfbrett: Newschool Kitesurfing in Brenzone, **www.newschool-kitesurfing.info**
Infos zu Surf-Meisterschaften und Wettkämpfen: www.circolosurftorbole.com

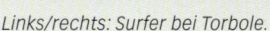

Links/rechts: Surfer bei Torbole.

Länger leben am Lago

Die steile Westküste des Gardasees war lange Zeit nur schwer erreichbar. Im Schatten der Abgeschiedenheit konnte sich deshalb so manches Kuriosum entwickeln, über das Besucher noch heute staunen: In Limone wird man besonders alt, in Gardone lebt es sich mondän wie an der Riviera, und Salò erklärte sich einst kurzzeitig sogar zur Hauptstadt von Italien.

Im alten Hafen von Limone schaukeln die Boote mit den Wellen um die Wette.

Von oben nach unten: Flanieren am alten Hafen (Porto Vecchio) von Limone, Blick von der Terrasse des Hotels „Splendid Palace" (ebenfalls in Limone) auf die historischen (für den Anbau von Zitronen genutzten) Limonaie, unterwegs auf dem 2018 eingeweihten Teilstück bei Limone des spektakulären neuen Radwegs, der einmal 140 km lang werden und um den ganzen See herum führen soll.

Linke Seite: In den Sommermonaten gibt es von Limone aus einen regelmäßigen Linienverkehr in die anderen Seeorte

Hell, dunkel, hell – was für ein herrliches Wechselspiel. Es ist eine Welt der Gegensätze, die es zu entdecken gilt, wenn man die Westküste mit dem Auto erkundet. Denn nur auf dieser Seite des Sees lassen sich teils kilometerlange Tunnel und Galerien durchfahren. Im Jahr 1931 wurde dafür die Gardesana Occidentale in die Felsen gesprengt. Eine kühne Meisterleistung der Straßenbaukunst, durch die manche Dörfer zum ersten Mal auf dem Landweg erreichbar wurden. Eine spektakuläre Aussicht folgt der nächsten: abenteuerlich an die Felswände geschmiegte Häuser, sonnendurchflutete Seepanoramen und üppig bewachsene

Eine spektakuläre Aussicht folgt hier der nächsten.

Steilufer mit Badebuchten gleich hinter der Leitplanke wechseln sich ab. Da konnte selbst James Bond nicht widerstehen. Eine Filmsequenz mit spektakulärer Verfolgungsjagd im Tunnel und ein geschrotteter Aston Martin waren jedoch alles, was in „Ein Quantum Trost" vom Gardasee-Dreh übrigblieb. Die Gardasee-Fangemeinde: untröstlich.

Der Stoff, aus dem die Träume sind
Dabei hätte es vor Ort genügend Material für den perfekten Krimi gegeben. Ein paar Limoneser besitzen nämlich, wofür so manch andere über Leichen gehen würden: das A1-Milano. Dieses ganz besondere Protein beschert seinem Träger ein gesünderes und längeres Dasein als dem Rest der Menschheit, weil es ihn zeitlebens vor Herz-Kreislauf-Erkrankungen verschont.

Ein Professor als Vampir
Cesare Sirtori, ein Professor für Stoffwechselerkrankungen in Mailand, entdeckte im Jahr 1979 bei einer Routineuntersuchung eines Patienten aus Limone, dass der Mann trotz hoher Cholesterinwerte Arterien besaß, die überraschen-

Tremosine sul Garda ist Mitglied der Vereinigung „I borghi più belli d'Italia" („Die schönsten Orte Italiens").

In Limone nannten sie den Professor bald *il vampiro*, den Vampir.

derweise komplett frei von Fett- und Kalkablagerungen waren. Neugierig geworden, zapfte Sirtori auch dem Rest der knapp über 1000 Limoneser Blut ab und entdeckte eine Sensation: Etwa ein Viertel der Einheimischen verfügt über exakt die gleiche Mutation und besitzt dieses Putzer-Protein, das dafür sorgt, dass die Adern stets blitzsauber bleiben.

In Limone nannten sie den Professor bald *il vampiro*, den Vampir. Denn sobald ein Kind geboren wurde, war er zur Stelle, um auch ihm Blut abzuzapfen.

Wer hat, der hat

Ist ein Elternteil A1-Milano-Träger, vererbt er diese Eigenschaft nicht an jedes seiner Kinder. Das eine hat es, das andere nicht. Warum gibt es dann ausgerechnet in Limone so viele A1-Milano-Träger?

Für Sirtori liegt der Grund in der einst extrem isolierten Lage des Ortes. Eingebettet zwischen hohen Felsmassiven, war Limone bis zum Bau der ersten Straße 1931 einzig mit dem Boot erreichbar. Die Limoneser zogen es daher vor, in direkter Nachbarschaft zu heiraten und nur von dem zu leben, was die Natur hergab: Fische, Olivenöl, Zitronen. Ein so spartanischer wie gesunder Speiseplan, ausgesprochen fettarm und vitaminreich.

Bei seinen Nachforschungen konnte der Professor das Protein bis zum Jahr

1644 zurückverfolgen, dem Jahr der Hochzeit von Cristoforo Pomaroli und Rosa Giovanelli. Ein weitverzweigter Stammbaum all jener, die das fleißige Putzerteufelchen in sich tragen, ist im Tourismusmuseum ausgestellt.

„Aus Amerika kamen sogar Bittbriefe um Blutspenden", erzählt der Museumsangestellte und schüttelt den Kopf. In den USA hat sich nämlich das Kuriosum von Limone herumgesprochen, seit Forscher versuchen, ein auf A1-Milano basierendes Herz-Kreislauf-Medikament zu entwickeln. Doch das kann dauern. Einstweilen bleibt da nur die Möglichkeit, öfter Urlaub am Gardasee zu machen und auf mediterrane Kost umzusteigen. Zitronen gibt es in den wiederbelebten Terrassengärten der Limonaie ja reichlich, auch wenn der Name des Ortes nicht von *Limone* abgeleitet ist, sondern von dem lateinischen Wort *limes* für Grenze. Eben diese verlief noch bis zum Jahr 1918 direkt hinter Limone und trennte Italien von Österreich.

Nizza am Gardasee

Ein Österreicher war es auch, der bereits im Jahr 1875 beschloss, im herrlich milden Klima von Gardone ein Grandhotel am Seeufer zu bauen: Ludwig Wimmer. Der Ingenieur war einst zur Kur hier und wusste rasch die Zeichen der Zeit

Links: Sompriezzo ist eine der 18 Fraktionen, aus denen sich Tremosine sul Garda zusammensetzt. Rechts: Unterwegs zwischen Campione und Pieve, zwei weiteren Fraktionen Tremosines.

Biker lieben die spektakulär in die Felsen gehauenen Straßen an der Westküste – hier zwischen Campione und Pieve.

Rund 400 Meter senkrecht fällt der Blick von der Terrazza del Brivido, der „Schauderterrasse" des Hotels Paradiso in Pieve di Tremosine, in die Tiefe.

Gargnano ist der nördlichste Punkt des von hier bis nach Saló reichenden Küstenstreifens, an dem sich die vornehme Welt in Mailand und Brescia um die Wende zum 20. Jahrhundert prunkvolle Villen baute.

Als „Schönbrunn des Gardasees" wird die Villa Bettoni in Gargnano auch gerühmt.

Mit heimischen Spezialitäten wie beispielsweise einem exquisiten Gorgonzola verwöhnen die Brüder Bignotti die Kunden in ihrem Alimentari an der Via Roma in Gargnano.

Ansicht von der Seeseite: Gargnano halten viele für den „italienischsten"
Ort am Gardasee. Einer der hübschesten ist er in jedem Fall.

richtig einzuschätzen. Auf Empfehlung deutscher Ärzte reisten vorwiegend Patienten aus Deutschland für Luftkuren nach Gardone, das früher „Hildebrandsburg" hieß. Dazu gesellten sich alsbald durch die Industrialisierung reich gewordene Gäste aus Mailand und Brescia. Manche blieben den ganzen Winter, und wer es sich leisten konnte, baute gleich seine eigene Villa.

Schon der Name „Riviera Gardone" lockt bis heute mit südlichem Flair, wo die steilen Berge allmählich Rückzug halten vom Seeufer und der Sonne endlich zu ihrem Recht verhelfen, sodass reichlich Palmen, Zypressen und Oleander die

sanfte Hügellandschaft umschmeicheln. Doch anders als der Norden war die Region nicht leicht zu erreichen. Die meisten Reisenden mussten dafür mit dem Dampfschiff kommen.

Noch heute zeugen Schiffsanleger vor den Luxushotels von jener Anfangszeit des Tourismus. Als Nachteil sollte sich die Abgeschiedenheit schon damals nicht

erweisen, empfanden es die noblen Gäste doch als Gewinn, in diesem Nizza des Gardasees unter ihresgleichen zu bleiben.

Die noblen Gäste blieben hier gern unter ihresgleichen.

Luxus auf 5-Sterne-Niveau

Es dauerte nicht lang, dann ließ sich auch das österreichische Kaiserhaus mit der Villa Principe eine Jagd- und Sommerresidenz errichten, die heute als Dependance zum Grandhotel Fasano gehört. Von den

Blick vom Monumento a Giuseppe Zanardelli auf der Piazza San Marco in Toscolano-Maderno zur Chiesa dei Santi Faustino e Giovita. Das Monument erinnert an einen (1903 in seiner Villa in Maderno gestorbenen) Politiker, der im Jahr 1890 als Justizminister für das damalige (seit 1861 geeinte) Königreich Italien die Todesstrafe abschaffte.

Das malerisch auf einer Anhöhe bei Toscolano-Maderno gelegene Bogliaco Golf Resort wurde von der Waffenproduzentenfamilie Beretta gegründet, von Mussolini zur Flugzeuglandebahn umfunktioniert und von US-amerikanischen Besatzern als Baseballfeld genutzt, ehe man hier wieder Golf spielte.

Madonna di Montecastello in Tignale liegt etwa 650 Meter hoch über dem See auf einem der schönsten Kirchenplätze in ganz Europa.

Giovanni Andrea Bertanza schuf im Inneren der Wallfahrtskirche das Fresko „l'Incoronazione della Vergine" („Krönung der Jungfrau").

Im Papiermühlental (Valle delle Cartiere)

Special

Blatt für Blatt

Besonders an heißen Sommertagen ist eine Wanderung entlang dem Wildbach Toscolano sehr erfrischend. Einst wurde seine Kraft für etwa 40 Papiermühlen genutzt, von denen die meisten heute nur noch Ruinen sind. Das erste Papier hier wurde hier schon im Jahr 1381 produziert, im 15. und 16. Jahrhundert war das Tal wegen der herausragenden Qualität das wichtigste Papierzentrum in der ganzen Republik Venedig. Sogar die Blätter für den ersten Koran wurden in diesem Mühlental hergestellt. Im Gebäude einer ehemaligen Papierfabrik ist heute ein Museum eingerichtet, in dem man bei der Herstellung handgeschöpfter Büttenpapiere zusehen und hochwertige Papiere auch im Museumsladen erwerben kann.

Im Jahr 1962 schloss die letzte Papierfabrik im Valle delle Cartiere, nachdem das Tal durch die einsetzende Industrialisierung an Bedeutung verlor und die Firmenbesitzer die neue Fabrik ans Seeufer verlagerten.

großen Grandhotels der Jahrhundertwende mit ihren typischen Wassertürmen, die einst für den Luxus von fließend Wasser in allen Zimmern sorgten, wird in der Region heute nur mehr das 1888 erbaute Grandhotel Fasano auf Fünf-Sterne-Niveau geführt.

Ein Ort für Könige und Kaiser
Illuster und zahlungskräftig war die Kundschaft schon immer, die hier an der Riviera Gardone urlaubte: Kaiser Wilhelm II., Kaiserin Sisi oder König Faruk von Ägypten (der im Casino von Gardone ein halbes Vermögen verzockte). Dass sich die Behörden nach dem Zweiten Weltkrieg nicht mehr um die Lizenz des noblen Jugendstil-Casinos kümmerten und damit auf die Belebung des Wintertourismus verzichteten, bedauert Oliver Mayr sehr, der das Grandhotel Fasano bereits in dritter Generation führt.

Einzig das Wellness-Luxusresort Lefay oberhalb von Gargnano bietet heute den ganzen Winter über Wohlfühlen auf höchstem Niveau. Bereits die Architektur fügt sich im Stil einer Limonaia harmonisch in eine Landschaft ein, die als Zitronen-Riviera die Zitrusfrucht schon seit Jahrhunderten in ihrem Namen trägt. Der fantastische Blick auf den ganzen Südteil des Sees ist unverbaubar, und die Energieversorgung, ob fürs Relaxen im Infi-

Einblick in die traditionelle Kunst der Papierherstellung bekommt man im Museo della Carta.

Rechts: Still plätschert der See an das Ufer, während sich die Gäste im Grandhotel Gardone erst noch entscheiden müssen, in welcher Form sie ihr Frühstücksei vom eigens dafür auf der Terrasse positionierten Koch zubereitet bekommen möchten.

Unten: Stilvoll zu speisen wusste auch der exzentrische Dichter und Souffleur des faschistischen Italiens, Gabriele d'Annunzio, der sein Anwesen in Gardone „Vittoriale degli Italiani" („Siegesdenkmal der Italiener") nannte.

Links: Buddhistische Gebetsfahnen und moderne Kunst im ursprünglich von dem österreichischen Zahnarzt und Botaniker Arthur Hruska angelegten, heute von der Fondazione André Heller betriebenen botanischen Garten in Gardone.

Nachdem Gabriele d'Annunzio die „La Prioria" genannte Villa des Kunsthistorikers Henry Thode in Gardone erworben hatte, baute er das Anwesen nach und nach zum heute als Museumskomplex zu besichtigenden Vittoriale degli Italiani aus.

Schon allein der Name „Riviera Gardone" lockt mit südlichem Flair.

nitypool oder zum Schweben unter einer großen Vollmondkugel im Solebecken, stammt aus erneuerbaren Quellen.

Jenseits von Eden

„Der Lago Maggiore hat George Clooney, aber wen hat der Gardasee?" Angesichts dieser Frage empfindet es der Hotelier Oliver Mayr sogar als Bereicherung, dass der Innsbrucker Immobilieninvestor und Kaufhaus-König René Benko Stararchitekten wie Matteo Thun, David Chipperfield und Richard Meier für den Bau von elf Luxusvillen oberhalb von Gardone an den See holte. Als das rund 70 Millionen Euro teure „Villa Eden Luxus Resort" 2015 eröffnete, war von einem Hotelbetrieb zunächst noch keine Rede, schließlich sollten erst einmal Käufer für die Design-Immobilie her. Plötzlich kursierten Namen wie Angelina Jolie oder Sebastian Vettel, wenn es darum ging, sich den Gardasee mit prominenten Villenbesitzern zum Societytreff schön zu träumen. Gilt der südwestliche Teil des Sees doch immer noch als der mondänste. Heute findet man hier ein „Reich aus Licht und Leichtigkeit" vor, das laut Eigenwerbung „Design, Komfort und Exklusivität auf kunstvolle Art und Weise vereint". Nur leisten muss man sich den Luxus (inkl. 24 Stunden Security Service) halt können.

Die Marionettenrepublik

Das Mondäne sei auch Mussolini und seinen Schergen nicht verborgen geblieben, als sie die luxuriösesten Häuser der Region für sich reklamierten, sagt Roberto Chiarini, Professor für Zeitgeschichte und Leiter des Studienzentrums Repubblica Sociale Italiana in Salò. Dass ausgerechnet das kleine Salò von 1943 bis 1945 italienischer Regierungssitz eines faschistischen Reststaates wurde, ist einem Kuriosum der Geschichte geschuldet. Die Invasion der Alliierten war in Süditalien längst in vollem Gange, Mussolini abgesetzt und verhaftet, als ihn Hitler von einem deutschen Kommando aus seinem Gefängnis in den Abruzzen befreien und als Chef der sogenannten Italienischen Sozialrepublik in Salò einsetzen ließ, von wo aus die deutsche Grenze schnell erreichbar war. Mussolinis Marionettenregierung hatte längst nichts mehr zu regieren, und so gab er sich dem ausschweifenden Leben hin. Das Jugendstiljuwel der Villa Laurin wurde zum Außenministerium umfunktioniert, der Duce selbst quartierte sich in der pompösen Seevilla der Verlegerfamilie Feltrinelli ein und platzierte seine Geliebte ganz in der Nähe in der Villa Fiordaliso. Alles mondäne Villen, die heute als Luxushotels fungieren und ein erfreulich sachliches Verhältnis zu

Flanieren am Lungolago Zanardelli
in Salò: Beständiger als die einst
nach ihr benannte (faschistische)
Republik ist zum Glück die schöne
Lage des Orts an einer Bucht im
Südwesten des Lago di Garda.

Er spiele „mal Bass, mal besser", kalauerte
einst Heinz Erhardt. Wie gut Gasparo da Salò,
selbst Kontrabassist und angesehener Geigenbauer, sein Instrument beherrschte, ist nicht
überliefert. Aber mit welcher Sorgfalt und Prä-
zision er beispielsweise diesen Bass hier fertigte,
davon kann man sich im Museum von Salò einen
eigenen Eindruck machen.

Unterwegs in Salòs Via San Carlo: Woher der Name der Stadt kommt, ist ungeklärt – möglicher-
weise geht er auf eine etruskische Königin zurück, Salodia, die einst hier gewohnt haben soll.

Auf der Piazza della Vittoria in Salò: Der Tag war heiß, die Nacht wird warm – man könnte noch gut barfuß über das Kopfstein-pflaster gehen. Macht man aber nicht, sondern setzt sich lieber in eines der Restaurants auf der Piazza. Buon appetito!

jener Zeit pflegen, schließlich legt hier keiner Wert auf den Besuch von ewig Gestrigen. Dass eine Auseinanderset-zung mit der Vergangenheit in einem Europa aufkeimender nationaler Strö-mungen dennoch Not tue, da ist sich der Historiker Chiarini sicher, schließlich „bekämpft man Faschismus am besten, indem man ihn studiert".

Die dunklen Klänge der Seele

Wenn die Erde mächtig zittert in Salò, ist das keineswegs dieser unrühmlichen Episode der Geschichte geschuldet, son-dern einem ganz realen Erdbeben. Die schlimmsten Zerstörungen richtete es im Jahr 1901 an, bescherte dem Ort aber durch den Wiederaufbau die längste, auf Stelzen stehende Promenade des Sees,

den Lungolago Zanardelli. Hier lässt sich heute vortrefflich flanieren und viel-leicht ein Stopp im prächtigen Rathaus einlegen, wo die berühmte Büste von Gasparo da Salò zu bewundern ist, dem Begründer der Brescianer Geigenbau-schule. Gabriele d'Annunzio überlegte bei der Betrachtung von Gasparos Büste, ob der Meister sich die Geige aus der Brust zieht oder die Geige öffnet, um sein Herz darin zu verwahren. Bei näherer Be-trachtung erscheinen beide Interpretatio-nen nicht ganz unwahrscheinlich.

Ein seltenes noch erhaltenes Instrument Gasparos ist der Biondo-Kontrabass von 1590. Zu sehen im MuSa, dem Museum von Salò, und bisweilen auch beim jährli-chen Klassik-Konzert zu hören. Spieler lo-ben seinen durchdringend dunklen, fast

schwermütig-seelenvollen Klang. Solche dunklen Klänge im Ohr, schaut man selbst etwas schwermütig hinüber zur anderen Seite des Sees und grübelt über den immerwährenden Streit nach, wel-ches denn nun das schönere Ufer sei: das Ostufer, an dem vorwiegend Deut-sche urlauben, oder doch der angeblich „noch italienischere" Westen mit Mor-gensonne und Monte-Baldo-Blick.

Was vom Tage bleibt

Sicher ist nur eins: Am Ende des Tages muss man sich entschieden haben, denn ab 20.00 Uhr stellt die Autofähre den Dienst ein. Für einen späteren Seitenwechsel schaut man regelrecht in die Röhre – bes-ser gesagt in die Tunnelröhren der Garde-sana Occidentale.

NOSTALGIE UND ALLTAG

Grandezza am Gardasee

*Längst besinnt man sich am Lago touristisch wieder verstärkt einer
historischen Vergangenheit, als um die Jahrhundertwende herrschaftliche
Villen und Grandhotels sowie mondäne Seedampfer und Seebäder
exquisites Flair verbreiteten und den See zum Glitzern brachten.*

Müßiggang im Grandhotel Fasano: Das Leben
kann ja so schön sein ...

Nach Sonnenuntergang atmen
die Steine noch immer die
heiße Luft des Tages. Im ur-
wüchsigen Park des Grandhotels Fasano hört man zur späten Stunde ab
und an noch leise ein schweres Magno-
lienblatt fallen. Draußen ruht still der
See: Er wirkt jetzt wie ein silbern
glänzendes Tuch, das lang gezogene
Falten wirft. Am Steg, wo zur Zeit der
Belle Époque die Schaufelraddampfer
anlegten, gehen ein paar Gäste noch
eine letzte Runde schwimmen. Von
der Terrasse erklingt leise Pianomu-
sik herüber. Die ersten Nachtschwär-
mer sitzen bereits beim Aperitif auf
der Terrasse, immer fest im Blick die
Isola del Garda gegenüber mit ihrem
mondänen Palazzo, der fester Wohnsitz einer Grafenfamilie ist.

Wer selbst einmal gerne wie eine
Contessa oder ein Conte am Gardasee
logieren möchte, ist in Gardone Riviera an der Westküste des Gardasees
genau richtig, denn die Gegend zeigt
sich schon von jeher von ihrer mondänen Seite. Heute sind die sozialen

Netzwerke voll von Fotos und Kom-
mentaren, in denen die Community
beteuert, dass es hier so schön sei wie
im Film: Als ob „jede Sekunde Sophia
Loren hinter der Rosenhecke vor-
springt", schreibt eine gewisse Chris-
tine in ihrem öffentlichen Online-Ta-
gebuch. Dass ein Hotel Gästen oft als
Theaterbühne dient, das weiß auch
Oliver Mayr vom Fasano nur zu gut:
„Damit aus einem Grandhotel kein
Museum wird, müssen wir modernen
Anforderungen genügen, ohne die
Vergangenheit zu vergessen."

Wie das Fasano wurden auch das
Grandhotel Gardone und der Savoy

Palace, deren markante Wassertürme
damals schon für den Komfort von
fließend Wasser sorgten, von Anfang
an nicht als Wohnhäuser, sondern als
Hotelpaläste geplant. Anders als am
Lago Maggiore oder am Comer See
belagern am Gardasee weit weniger
wohlhabende Städter mit ihren Ferien-
villen flächendeckend die Ufer, denn
wegen der vielen Steilküsten ist dazu
oft gar nicht der Platz. Mondänes ist
eher rar geblieben, denn in den 1950er-
Jahren waren es hauptsächlich Deutsche mit schmalen Urlaubskassen, die
es an den Lago zog. Statt internationa-
ler Hotelkettenkonzerne machen bis

Unbeschreiblich schön – und unbezahlbar gut: die Villa Feltrinelli in Gargnano. Wobei zum wahren Luxus am Lago neben dem unverzichtbaren Boot unbedingt auch ein direkter Einstieg in den See gehört.

heute kleine mittelständische Betriebe und Familienhotels den überwiegenden Teil der Unterkünfte aus.

Perfektion bis ins Detail

Auch die Villa Feltrinelli in Gargnano ist ein Ort wie aus der Welt gefallen. In der terrakottafarbenen Villa mit Bogenfenstern, gezackten Fenstersternen und großem Turm, die nur vom See aus einsehbar ist, gibt es viel an schmuckem Beiwerk zu entdecken: Venezianische Spiegel, Marmortreppenaufgänge, Konvolute von historischen Fotos, detailreiche Fresken und intarsierte Parkettböden. Ursprüng-

lich ließ die Verlegerfamilie Feltrinelli die neugotische Villa 1892 bauen und machte sie als Veranstaltungsort spektakulärer Feste zu einer kreativen Enklave. Während der Republik von Salò folgte die Enteignung – Mussolini quartierte sich hier ein. Erst 1997 holte der Hotelier Bob Burns das Schmuckkästchen aus dem Dornröschenschlaf. Inzwischen hat er das Grandhotel aber an russische Oligarchen verkauft. Dementsprechend ist die Klientel nun ausgerichtet, und keine Übernachtung unter 1300 Euro zu haben. Ohnehin versteht man sich hier weniger als Hotel denn als Haus mit besonderen Gäs-

ten, die viele neugierig machen. Julia Roberts, Hugh Grant und Richard Gere gehören zu den Stammgästen. Geht nicht, gibt's nicht, heißt das Gebot, weshalb manche Wünsche hier bizarre Blüten treiben. Als ein Gast unbedingt im See baden wollte, ihn aber die Kieselsteine arg an den Füßen schmerzten, wurde dem Gequälten nicht etwa ein Paar Badeschuhe gereicht, sondern gleich ein Teppichläufer ins Wasser gerollt.

Kleine Alltagsfluchten

In respektvoller Distanz schaufelt indes die „Italia" hinüber nach Gargnano.

Zu Gast bei der Contessa: Der Palazzo auf der Isola del Garda ist bis heute der feste Wohnsitz der Grafenfamilie Cavazza.

Der Raddampfer von 1908 ist wie sein Schwesterschiff, die „Zanardelli", noch immer im Linienbetrieb unterwegs. Schon Max Brod schrieb auf einer seiner Fahrten: „Wenn der Gardaseedampfer die Richtung auf Salò nahm, hielt der marmorweiße Palast der Borghese alle Gemüter gefangen, mit Säulen und Bogenfenstern sonnig vor dunkelgrünem Grund."

Fakten & Informationen

. . . .

Oldtimer-Großsegler
Siora Veronica in Malcesine: www.sioraveronica.com/de
Siora Bianca in Garda: www.siorabianca.com/de
San Nicolò in Bardolino: www.europlan.it

Historische Schaufelraddampfer
„Italia" und „Zanardelli" in der Linienschifffahrt im Einsatz: www.navigazionelaghi.it

Historisches Riva-Boot mieten: www.rivacharter.com
Grandhotel Fasano: www.ghf.it/de
Villa Feltrinelli: www.villafeltrinelli.com
San Vigilio: www.locanda-sanvigilio.it

Historische Palazzi wie auf der von Max Brod gerühmten Isola del Garda, die auch für die Öffentlichkeit zugänglich sind, lassen sich in vielen Orten rund um den See finden, wie beispielsweise der Kapitänspalast in Malcesine. Man tritt ein und landet überraschend in einem wunderschönen, mit Palmen bewachsenen Innenhof zum See hinaus. Hier hält man gerne inne und lässt die Atmosphäre auf sich wirken. Auch die Einheimischen nutzen solche Plätze gerne als kleine Alltagsfluchten.

Ein nicht weniger reizvoller Fluchtort liegt auf der gegenüberliegenden Seeseite auf einer markanten Landzunge vor Garda: San Vigilio. Im Halbrund des kleinen Hafens kann man besonders viele Schönheiten bewundern: Die aus honiggelbem Holz gebauten Riva-Boote lassen jeden Besitzer zum heimlichen König des Sees werden. Auf der schmalen, von einem Laubdach beschatteten Mole sind die Stühle der kleinen Taverne meist gut belegt, um einen Bellini oder Aperol Spritz zu genießen. Denn hier sitzt man direkt am Laufsteg, um ein mondänes Sommertheater zu beobachten: Wer steigt aus, wer steigt wieder ein ins Boot? Und haben es auch wirklich alle gesehen?

Der schönste Ort der Welt
Auch San Vigilio ist in Privatbesitz einer Adelsfamilie. Von der Landseite führt eine schmale Zypressenallee direkt auf das Anwesen der Guarienti: ein Landhaus und eine kleine Kapelle aus dem 13. Jahrhundert, umgeben von einem alten Park mit Statuen. Der kleine Seehafen mit Restaurant und Taverne sowie ein kleines Hotel sind öffentlich. Die Badebucht der Sirenen, Baia delle Sirene, kostet zwar Eintritt, zählt aber zu den schönsten Stellen am See. Hier gehen auch gerne die historischen Lastensegler mit ihren Ausflugsgästen vor Anker, und es dauert nicht lange, bis die Ersten freudig von der Reling ins smaragdgrüne Wasser springen. Schon für San Vigilios Erbauer, den aus einer Veroneser Patrizierfamilie stammenden Humanisten Agostino Brenzoni, war dies sogar der schönste Ort der Welt. Und da mag ihm wohl kaum einer widersprechen.

Von der Landseite führt eine schmale Zypressenallee zum Anwesen der Guarienti, einer weiteren, am „schönsten Ort der Welt" (San Vigilio) residierenden Adelsfamilie. Am schönsten aber ist die Anfahrt von der Seeseite – stilvoll im traditionellen Riva-Boot, versteht sich.

Wo die Zitronen blühen

Auf engstem Raum haben sich vor allem im nördlichen Teil des Westufers kleine Dörfer an den Steilhängen der Felswände eingenistet. Erst in Richtung Süden treten die Berge zurück und machen Platz für mondäne Hotelpaläste mit großen Parks wie an der Gardone-Riviera.

❶ Limone

Das kleine Limone (1100 Einw.), hinter dem die Felswände steil nach oben steigen, ist in der Hochsaison so überlaufen, dass man sich nur im Fluss der Massen durch die engen Gassen treiben lassen kann. Wochenmarkt: Di.

SEHENSWERT/MUSEUM

Die **Limonaia del Castel** TOPZIEL ist eines der schönsten Zitronengewächshäuser am See (siehe Tipp unten und Abb. rechts oben). Das **Museo del Turismo** (Via Lungolago Guglielmo Marconi 1, Tel.+39 0365 91 89 87) zeigt die Tourismusentwicklung des Ortes und u.a. einen Stammbaum der A-1-Proteinträger (April–Okt. tgl. 10.00–18.00, Mai–Sept. bis 22.00 Uhr).

EINKAUFEN

Von der Hauskachel bis zur Marzipanpraline gibt es vielerorts in Limone Zitronen-Souvenirs in allen Facetten. Interessant schmeckt das Erfrischungsgetränk Tonica Tassoni, das aus großen Cedro-Früchten hergestellt wird.

RESTAURANT/HOTEL

Im €€/€€€ **Albergo Ristorante Monte Baldo** blickt man von den Dachterrassenzim-

Oben: Blick über das Hotel Azzurro in Limone hinweg auf den Schaufelraddampfer „Italia". Rechts: die Limonaia del Castel und ein lauschiges Plätzchen am alten Hafen von Limone.

mern direkt auf das geschäftige Treiben im kleinen Fischerhafen (Via Porto 29, Tel. +39 0365 95 40 21, www.montebaldolimone.it/).

INFORMATION

Tourismusverband, Via IV Novembre 25, I-25010 Limone, Tel. +39 0365 95 40 08, www.visitlimonesulgarda.com/de/

❷ Campione/Tremosine

Nirgends sind die steil abfallenden Felswände dramatischer, weshalb das auf einer kleinen Halbinsel gelegene **Campione** (ca. 150 Einw.) als einziger Seeort durch eine eigene Tunnelabfahrt erreichbar ist.

HOTELS

Steil an den Abhang gebaut ist das €€ **Hotel Paradiso** mit Zugang zur Schauderterrasse. Wer sich vom schwindelerregenden Anblick erholt hat, kann sich im Anschluss der regionalen Küche widmen (Viale Europa 1, I-25010 Pieve di Tremosine, Tel. +39 0365 95 30 12, www.terrazza delbrivido.it). Ebenso spektakulär liegt der wintergartenartige Vorbau des €€ **Hotel Miralago** (Piazza Arturo Cozza-

glio 2, I-25010 Tremosine, Tel. +39 0365 95 30 01, www.miralago.it), bei dem man vor Staunen fast das Essen vergisst: Sonntags gibts Spiedo, Fleischspieße mit Polenta.

UMGEBUNG

Die auf einer Hochebene gelegene Gemeinde **Tremosine** besteht aus 18 Dörfern bzw. Fraktionen. Aus der Milch der hier weidenden Kühe entsteht leckerer Tremosine-Käse, der im Agriturismo Alpe del Garda probiert werden kann (Via Provinciale 1, www.alpedelgarda.it). Die kurvenreiche Fahrt hinauf ist bei Motorradfahrern beliebt. Ein Stopp lohnt in **Pieve** bei der Schauderterrasse. Weiter nach Tignale gelangt man zur spektakulär gelegenen Wallfahrtskirche **Madonna di Montecastello**: Wie auf einem exponierten Balkon sitzt diese auf einem rund 650 m senkrecht zum See abfallenden Felsvorsprung. Sie beherbergt einen goldenen Altar sowie einige interessante Fresken. Die Aussicht auf dem Hochplateau von Tignale zwischen Limone und Gargnano ist fantastisch. Zudem gibt es bei der Kirche, die sogar mit dem PKW erreichbar ist, ein kleines Terrassencafé, in dem man einen Cappuccino mit Aus-

Tipp

Haus voll Zitronen

Frischer Zitrusduft überall: Schon seit dem 18. Jh. wurden in der **Limonaia del Castel** auf einem bewässerten Terrassengelände von mehr als 1600 m² Zitronen angebaut. An etlichen Mauerwerksäulen sind hierfür lange Holzbalken befestigt, die in den Wintermonaten als Rahmen für Glasscheiben dienen, um die Zitrusbäume vor Kälte zu schützen. Die Limonaia von Limone ist eines der schönsten Gewächshäuser am See und heute ein Museum, in dem man mehr als 100 Zitruspflanzen bewundern kann.

April–Mai und Mitte Sept./Okt. tgl. 10.00–18.00, Ende Mai–Mitte Sept. bis 22.00 Uhr

Links: Vittoriale degli Italiani in Gardone. Darunter: Berufsfischer-Familie Dominici in Gargnano. Oben: Lefay Resort & SPA in Gargnano.

blick trinken kann (Ostern–Okt. tgl. 9.00 bis 18.30, hl. Messe Mai–Sept. So.17.00 Uhr, www.santuariomontecastello.it).

INFORMATION
Tourismusverband, Piazza Marconi 1,
I-25010 Tremosine, Tel. +39 0365 95 31 85,
www.infotremosine.org

❸ Gargnano

Das beschauliche Gargnano (2800 Einw.) besteht aus 13 Ortsteilen, wovon außer Gargnano nur Villa und Bogliaco am See liegen.

SEHENSWERT
Der Kreuzgang des Klosters **San Francesco** (1289) ist der idyllischste Platz im Ort. Seine Mönche brachten im 13. Jh. die ersten Zitronen an den See. Der **Palazzo Feltrinelli** am nördl. Ende der Uferpromenade war zur Zeit der Republik von Salò Generalquartier Mussolinis, heute gehört er zur Uni Mailand. In **Bogliaco** fällt am Seeufer sofort die **Villa Bettoni** (18. Jh.) auf (Privatbesitz, nur von außen zu besichtigen).

VERANSTALTUNGEN
Die **Centomiglia** im Sept. ist eine der wichtigsten internationalen See-Segelregatten (www.centomiglia.it).

AKTIVITÄTEN
Die Familie Dominici gehört zu den letzten **Berufsfischern** am Gardasee Frühaufsteher dürfen kurz vor 4.00 Uhr morgens mitfahren (Voranmeldung: Bürgermeisteramt Gargnano, Tel. +39 0365 79 12 43, info@comune.gargnano.bs.it). Verkauft wird der Fang (Ende April bis Ende Okt., tgl. 8.30–11.30 Uhr) im Hafen unter den Arkaden des alten Rathauses (Via Romana

47). In Gargnano lohnt die Miete eines Motorboots (führerscheinfrei, max. 7 Pers., 1 Std. ab 65 €), denn der schöne Palazzo der **Isola del Garda** TOPZIEL und das nur vom Wasser aus einsehbare Luxushotel Villa Feltrinelli sind nicht weit (Rent Boat Gargnano, Tel. +39 349 130 55 83, www.rentboat gargnano.com).

EINKAUFEN
Bei **Kevlove** in Bogliaco entstehen aus ausrangierten Segeltüchern originelle Hand- und Sporttaschen (Piazza SS. Martiri 1, Tel. +39 0365 710 80, www.kevlove.borsevela.it). Wochenmarkt: jeden 2. Mi. 8.00–13.00 Uhr.

RESTAURANTS/HOTELS
In der €€€€ **Villa Feltrinelli** (2 Michelin-Sterne) zaubert Stefano Baiocco u.a. einen Salat mit über 100 Kräutern und 25 Blüten. Mit je einem Michelin-Stern glänzen: €€€€ **Villa Giulia** (Via Rimembranza 20, Tel. +39 0365 710 22, www.villagiuliagardasee.com) und €€€€ **La Tortuga** (Via XXIV Maggio 5, Tel. +39 0365 712 51, www.ristorantelatortuga.it). Das schönste Hotel mit herrlichem Ausblick hoch über dem See ist das €€€€ **Lefay Resort & SPA Lago di Garda**, gebaut im Stil einer Limonaia mit einem der größten Spas, Infinity-Außenpool und einer Suite mit Privatpool (Via Feltrinelli 136, Tel. +39 0365 24 18 00, www.lefayresorts.com).

INFORMATION
Tourismusverband, Piazzale Boldini 2,
I-25084 Gargnano, Tel. +39 0365 79 12 43,
www.gargnanosulgarda.it

❹ Toscolano-Maderno

Toscolano-Maderno (7900 Einw.) – der auf einer Halbinsel gelegene, vom Wildbach Toscolano geteilte Doppelort – ist die wichtigste Verbindung für Autofähren ans Ostufer nach Torri del Benaco, um sich den weiten Weg des bauchigen Südens zu ersparen (im Sommer tgl. mind. stündl. 8.00–20.00 Uhr). Wochenmarkt: Do.

SEHENSWERT/EINKAUFEN
Der **Lido von Maderno** am Lungolago Zanardelli ist eine der längsten und schönsten See-

promenaden. Im Zentrum von Maderno liegt der **Gonzagapalast**, einst Sommerresidenz der Herzöge von Mantua. An der **Piazza S. Marco** steht das Denkmal der Muse „Bella Italia", das an Giuseppe Zanardelli erinnert.

RESTAURANT/HOTEL
In der €€ **Osteria ai Cantagai** im Ortsteil Gaino gibt es die typischen Fleischspieße „Spiedo Bresciano" mit Polenta (Via Andrea del Sarto, Tel. +39 0365 64 17 85, www.osteriacanta gai.it). Direkt am Ufer liegt das €€ **Hotel Villa Maria au Lac** mit Privatstrand und Sonnenterrasse (Via Roma 45, Tel. 0365/54 62 01, www.hotel-villamaria.org/de/).

UMGEBUNG
Im Westen liegt das **Tal der Papiermühlen**; www.valledellecartiere.it, Mitte März–Mitte Okt. tgl.10.00–18.00 Uhr, www.valledellecartiere.it (siehe Special S. 47).

INFORMATION
Tourismusverband, Via Trento 5,
I-25088 Toscolano-Maderno,
Tel. +39 0365 54 60 11,
www.comune.toscolanomaderno.bs.it/de/

❺ Gardone Riviera

Mondänes und nostalgisches Flair verbreitet **Gardone Riviera** TOPZIEL (2600 Einw.), wo ein österreichischer Hotelier bereits Ende des 19. Jh.s das Grandhotel Gardone erbauen ließ.

SEHENSWERT
Die pompöse **Villa Alba**, als Privatbesitz eines Fabrikanten gebaut, gehört heute der Stadt und wird für Veranstaltungen genutzt (www.villaalba eventi.it). Der markante **Torre San Marco** mit Minihafen fungiert als Weinbar mit Restaurant, Fr. u. Sa. als Diskothek. Er gehört zur **Villa Fiordaliso**, in der früher Mussolinis Geliebte Clara Petacci residierte.

MUSEUM
Im **Botanischen Garten** der Fondazione André Heller kann man zwischen exotischen Pflanzen aus aller Welt viel Kunst und Kultur bestaunen (Via Roma 2, März–Okt. tgl. 9.00–19.00 Uhr, www.hellergarden.com/de/). Gabriele d'Annunzio hat sich das mit Exponaten überfüllte **Vittoriale degli Italiani** als Wohnhaus eingerichtet. Im Park taucht überraschend der Bug des Kriegsschiffes „Puglia" auf; ein Geschenk der ital. Kriegsmarine. Zu sehen ist auch das Flugzeug, mit dem d'Annunzio kurz vor Ende des WK I Propagandaflugblätter über Wien abwarf. Zudem gibt es hier im Sommer stimmungsvolle Freiluftkonzerte (Via Vittoriale 12, Tel. +39 0365 29 65 11, www.vittoriale.it, April–Okt. tgl. 9.00 bis 19.00 Uhr, Nov.–März tgl. 9.00–16.00 Uhr, innen nur mit Führung).

RESTAURANT/HOTELS
Das €€€ **Ristorante Casinó** wartet mit Belle-Epoque-Atmosphäre, Bestlage am Seehafen und vorzüglichem Essen auf. Lecker: Tagliolini mit

Garnelen und Zitronenbutter und als Nachtisch Zabaione mit Marsala und Walderdbeeren (Corso Zanardelli 166, Tel. +39 0365 203 87, www.ristorantecasino.com). Mit einem Michelin-Stern kann das €€€€ **Lido 84**, direkt am Ufer mit eigenem Anleger, überzeugen (Corso Zanardelli 196, Tel. +39 0365 200 19, www.ristorantelido84.com). Mit guter einfacher Küche begeistert die €/€€ **Trattoria Riolet** mit Gerichten vom Grill, am So. mit Spiedo, den für die Region typischen Fleischspießen (Via Fasano Sopra 75, Tel. +39 0365 205 45). Bei den Grandhotelpalästen liegt klar das €€€€ **Grandhotel Fasano** vorn, im €€€€ **Grandhotel Gardone** mit einst 300 Zimmern stiegen schon Churchill, Nabokov und Somerset Maugham ab (beide: siehe „Unsere Favoriten", S. 20/21). Günstiger und ebenfalls mit direktem Seezugang wohnt man im €€€ **Hotel Monte Baldo/Villa Acquarone** (Corso Zanardelli 110, Tel. +39 0365 209 51, www.hotelmontebaldo.com/de/).

INFORMATION
Tourismusverband, Corso Zanardelli 164,
I-25083 Gardone Riviera,
Tel. +39 0365 79 11 72,
www.gardalombardia.de

6 Salò

Ein Spaziergang an der langen Uferpromenade (Lungolago Zanardelli) ermöglicht in Salò (10 600 Einw.) einen ausgezeichneten Blick auf Paläste und Arkaden. Wochenmarkt: Sa.

SEHENSWERT/MUSEUM
Der prächtige **Palazzo della Magnifica Patria** (1524) mit seinen Arkaden ist heute Rathaus. Der **Dom Santa Maria Annunziata** (16. Jh.) birgt in seiner bescheidenen Backsteinhülle ein bedeutendes Werk der Spätgotik. Die lange Schlange am Domplatz gilt jedoch der **Casa del Dolce** mit dem besten Eis am See. Das **MuSa** gibt Einblicke in die bewegte Vergangenheit des Ortes, zu der auch der Geigenbauer Gasparo da Salò (1540–1609) gehört (Via Brunati 9, April–Anf. Dez. Di.–So. 10.00–19.00, Juni–Sept. bis 20.00 Uhr, www.museodisalo.it).

RESTAURANT/HOTEL
Die €€€ **Osteria di Mezzo** (Via di Mezzo 10, Tel. +39 0365 29 09 66, www.osteriadimezzo.it) bietet regionale Küche ohne Schnickschnack. Nur wenige Tische, unbedingt reservieren. Das €€€€ **Laurin** (Viale Landi 9, Tel. +39 0365 220 22, www.hotellaurinsalo.it/de/) ist eine perfekte Jugendstil-Schönheit, in der vom Dekor bis zu den Wandgemälden jedes Detail erhalten blieb. Die Zimmer variieren zwischen historisch und modern. Während der Republik von Salò diente das Laurin als „Außenministerium".

INFORMATION
Tourismusverband, Lungolago
Zanardelli 55 (im Palazzo Comunale),
I-25087 Salò,
Tel. +39 0365 29 68 01,
www.comune.salo.bs.it

Genießen   Erleben   Erfahren

DuMont
Aktiv

Auf der Straße ohne Umkehr

Die alte **Ponalestraße** TOPZIEL schlängelt sich mit einer engen Kurve nach der anderen ab Riva steil den Berg hinauf. Für Mountainbiker zählt sie zu den schönsten historischen Panoramawegen Europas. Der reiche Kaufmann Giacomo Cis ließ sie Mitte des 19. Jahrhunderts bauen, um eine Verbindung von Riva ins Ledrotal zu schaffen. Autofahrer brachte die Ponale einst zum Verzweifeln. Denn wer sich hier einmal auf den Weg gemacht hatte, für den gab es keine Umkehr mehr. Dafür war der Weg zu schmal, und die Abhänge waren zu steil. Doch seit der Autoverkehr in einem kilometerlangen Tunnel durch den Berg rollt, sind auf der alten Strecke Radfahrer und Wanderer ganz unter sich.

Von Riva aus, wo man sich auch ein Rad – idealerweise ein Mountainbike – leihen kann, fährt man zunächst am Ufer entlang in Richtung Limone. Nach den letzten Häusern – noch vor dem ersten Tunnel – beginnt ein Schotterweg, von dem man sich nicht abschrecken lassen sollte: Die alte Ponalestraße ist auch für durchschnittlich fitte Radfahrer zu bewältigen.

Immer an der Felswand entlang passiert man unterwegs kleine Tunnel mit Ausguckfenstern oder Brücken – je höher man kommt, desto großartiger ist der Ausblick. Nach etwa 3 km erreicht man die Bar „Ponale Alto", wo sich eine Einkehr schon wegen der fantastischen Terrassenaussicht lohnt. Ziel der Fahrt ist in den meisten Fällen die Madonna mit der Weltkugel im Dörfchen Pregasina – eine Alternativstrecke schraubt sich hinauf bis zum Ledrosee.

Weitere Informationen

Radverleih: in Riva z.B. im MultiSport Center Sailing du Lac, Viale Rovereto 44, Tel. +39 0464 55 24 53, www.sailingdulac.com
Zugang: nur für Radfahrer und Fußgänger
Streckenlänge Riva – Pregasina: 7 km
Höhenunterschied: 450 m

Schwierigkeit: mittel
Fahrdauer einfach: ca. 1,5 Std., zu Fuß ca. 3 Std. Wanderer können auch mit dem Bus zurückfahren: www.ttesercizio.it
Empfohlene Jahreszeit: Frühling, Herbst
Internet: www.ponale.eu

Logenplatz mit Seeblick

An der Ostküste, wo sich die Sonne bis in die späten Abendstunden genießen lässt, nimmt man gerne Platz wie auf einer großen Aussichtsterrasse. Egal, ob man das ursprüngliche Leben in alten Dörfern sucht, sich ins turbulente Leben in den engen Gässchen von Malcesine stürzt oder gleich in eine Hochzeit auf dem Burg-Balkon – das Ja-Wort ist dem See hier überall sicher.

Badefreuden im Schatten der Burg: „Perle des Gardasees"
wird Malcesine auch genannt.

Runter kommen sie immer – die Paraglider vom Monte Baldo: Gut zwei Kilometer nördlich von Malcesine gibt es eine für sie reservierte Landezone.

„Heute abend hätte ich in Verona können sein, aber es lag mir noch eine herrliche Naturwirkung an der Seite, ein köstliches Schauspiel, der Gardasee, den wollte ich nicht versäumen …"

Johann Wolfgang von Goethe,
„Italienische Reise", 1786

Als Piero Brighenti an der Mautstation der Autobahnausfahrt Rovereto Sud eine Broschüre verteilte, in der er sein Hotel in Brenzone wärmstens empfahl, konnte er noch nicht ahnen, dass er damit zu einem der Pioniere des Lago-Tourismus werden sollte: Damals, als die ersten Gardasee-Gäste aus Nachkriegsdeutschland kamen, besaß ja noch kaum jemand ein Telefon, von einem Internetzugang ganz zu schweigen. Um eine Unterkunft am See zu finden, musste man sich oft erst vor Ort auf die Suche machen oder einer Empfehlung von Freunden vertrauen, die schon mal hier waren. Da kam Pieros Broschüre gerade recht …

Heute führen seine Tochter Anna und der Enkel Pietro das Haus, das im Jahr 1911 erbaut wurde und eines der ältesten Hotels am Ostufer ist. „Ich bin sogar im Hotel Brenzone geboren und liebe das stete Kommen und Gehen schon seit Kindertagen", erzählt Anna. Im Hotelrestaurant „Al Vapor", was soviel wie „Zum Dampfschiff" bedeutet, sitzen viele Stammgäste oft schon in der dritten Generation mit Blick auf den Hafen, um den Linienschiffen beim Andocken am Anleger und den Leuten beim gemächlichen Bummeln an der Promenade zuzusehen. Gedränge wie in vielen anderen Seeorten gibt es hier nicht. Das mag auch daran liegen, dass Brenzone als einzelner Ort gar nicht

existiert, sondern nur als Gemeinde von insgesamt 16 Dörfern mit jeweils eigenem Namen.

Italienische Spezialitäten auf klein(st)em Raum

Wer es gemütlich will, ist auch in der Hochsaison hier richtig, denn mangels überlaufener Sightseeing-Attraktionen leben in Brenzone fast nur Einheimische und ein paar Ferienhäusler. Viele kleine Alimentari wie die Botéga del Bertiól versprühen noch den Charme der 1960er-Jahre. Alles Familienbetriebe, wo noch in Kittelschurz und bisweilen mit Haarnetz gearbeitet sowie der Einkauf feinsäuberlich in Papier verpackt wird. Dabei erweist es sich jedes Mal als ein kleines Raumwunder, was so ein Lädchen alles an italienischen Spezialitäten zu Tage fördert – von Ciabatta und Pasta Frolla über Burrata, Tremosine-Käse, San-Daniele-Schinken und handgefertigte Tortellini aus Valeggio sul Mincio bis zu der wagenradgroßen Mortadella.

An der Oliven-Riviera

Von der facettenreichen Welt des Gardasees kann auch Livio Formaggioni viel erzählen. Seine Eltern waren früher arm und hatten ihn als Kind auf die gegenüberliegende Hochalm von Tremosine zum Kühe hüten bei einem Bauern ge-

Links: Goethe-Büste bei der Burg in Malcesine. Rechts: Für den Dichter war Malcesine, dessen enge, kopfsteingepflasterte Gassen sich den Burgfelsen hinaufwinden, „der erste venezianische Ort an der Morgenseite des Sees".

Die Malerin Enza Miglietta (links) im Gespräch mit der Eisverkäuferin von nebenan vor ihrem Atelier an der Piazza Cavour in Malcesine.

Seeblick gen Westen von der Burg in Malcesine.

Oben und linke Seite: Vier Eiszeiten formten den sich über 30 Kilometer am Gardasee entlangziehenden Bergrücken des Monte Baldo. Für Botaniker gibt es hier eine Vielzahl endemischer Pflanzen zu entdecken – alle anderen nutzen den faszinierenden Höhenzug, auf dem auch Gemsen eine natürliche Heimat finden, gern als grandiose Freiluftarena: ob zu Fuß, mit dem Rad oder dem Gleitschirm.

schickt. Als Lohn gab es nur Brot und ein Stück Käse. Hunger und Heimweh hätten ihn damals geplagt, erzählt Livio. Heute sitzt er oft vor seinem Rustico in dem kleinen Bergdorf Zignago und schaut zufrieden auf seinen See. Livio ist längst reich geworden, aber nicht auf dem Bankkonto, sondern an Grund und Boden voller Olivenbäume. Reich an Erfahrungen ist der über 80-Jährige natürlich auch. Er klettert noch immer in die knorrigen Bäume, um schon im Sommer nachzusehen, ob es im November eine gute Ernte geben wird. Wenn sich die Blätter der vielen Olivenbäume im Wind wiegen, verleihen sie der ganzen Region einen zauberhaft silbernen Schimmer. „Oliven-Riviera" nennt man das Ostufer deshalb auch, wo man im Gegensatz zum Westen die Sonne bis zum späten Abend genießen und die Fahrt entlang der Uferstraße fast frei von Tunneln erleben kann.

„Mehr Deutsche Vita als Dolce Vita"?

Weg vom See zu sein – und sei es nur, um endlich mal selber Urlaub zu machen: „Wozu?", fragt Livio. Seine Enkelin, die in München studiert, hat er einmal besucht. Es gefiel ihm nicht in der großen Stadt mit dem viel gepriesenen italienischen Flair, aus der auch viele seiner Ferienhausgäste stammen. „Mehr Deutsche Vita als Dolce Vita", sagt Livio. Und während die Baristas in München noch über die perfekte Konsistenz des Kaffeeschaums diskutieren, schüttet sich Livio lieber einen Schuss Rotwein in den Espresso. Schon komisch diese Münchner, die sogar mal ein Redaktionsteam der Süddeutschen Zeitung an den Lago schickten, um während der Haupturlaubszeit die vielen deutschen Gäste mit Gardasee-Neuigkeiten zu versorgen und den See unter der Überschrift „Lago di Monaco" gleich frech als südlichstes Gewässer Münchens reklamierten.

Ein gefährliches Interesse

Doch so sicher, wie die Frauenkirche die Skyline Münchens bestimmt, wird sich am Lago auch weiterhin die Burg von

Mohnblüten setzen einen hübschen Kontrast zum silbrig schimmernden Grün der Olivenbäume entlang der oberhalb von Malcesine beginnenden, wie ein Rundweg am Hang des Monte Baldo verlaufenden Strada Panoramica.

Seemöwe bei Assenza di Brenzone mit der Isola di Trimelone im Hintergrund.

Mittleres Bild und unten: Nur zu Fuß auf verlassenen Eselspfaden oder mit dem Mountainbike ist das weitgehend verlassene Örtchen Campo di Brenzone zu erreichen.

Im Licht der späten Nachmittagssonne: der alte Hafen von Castelletto di Brenzone.

Erntezeit an der Oliven-Riviera

Pures grünes Gold!

Gutes Olivenöl ist wie guter Wein: Geschmackssache. „Olio Novello", schwärmt der Padrone und küsst, den exzellenten Genuss goutierend, die zum Mund geführten Fingerspitzen: Die erste Kaltpressung des Jahres ist eine wahre Gaumenexplosion. Am Fuß des Monte Baldo, an der sogenannten Oliven-Riviera, reiht sich ein hundertjähriger Olivenhain an den nächsten. Schon seit der Antike wird hier im nördlichsten Anbaugebiet Europas Olivenöl gepresst. Doch die Produktionsmengen sind sehr begrenzt. Etwa 400 000 Olivenbäume gibt es an der Ostküste. Geerntet wird in Handarbeit, weshalb man für erstklassiges, unverschnittenes Olivenöl zwischen 15 und 20 Euro pro Liter bezahlen muss. Die geschützte Herkunftsbezeichnung „Denominazione d' Origine Protetta" (DOP) darf nur tragen, wer sein Öl nach einem bestimmten, auf die geografische Region beschränkten Verfahren produziert. Nur für kurze

Ein (gesundes) Genussmittel vom Feinsten ...

Zeit behält das ungefilterte Olivenöl seine grasgrüne Farbe und die dickflüssige Konsistenz. Später lagern sich dann alle Stoffe des Fruchtfleisches als Bodensatz ab. In Castelletto wird die neue Ernte mit dem Olivenfest *Festa dell'Olio Nuovo* am 25. November gebührend gefeiert. In den Restaurants der Gegend gibt es dann einen Monat lang Menüs rund um das neue Öl, das besonders lecker ganz schlicht auf warmem Brot schmeckt. *www.museum.it/de*

Malcesine über die Hausdächer des Ortes erheben. Schon von Weitem ist sie überall zu erkennen, sogar von der anderen Uferseite. Auf seiner Italienreise fühlte sich auch Goethe von der Burg der Scaliger so magisch angezogen, dass er feine Bleistiftzeichnungen von ihr anfertigte. Weshalb man ihn prompt für einen Spion hielt: Die Grenze zu Österreich befand sich damals noch in nächster Nähe. Beinahe wäre der in Italien damals noch völlig unbekannte Dichterfürst im Kerker gelandet. Dabei hatte er ursprünglich gar keinen Aufenthalt in Malcesine geplant – wäre da nicht die Naturgewalt des Sees gewesen, gegen die sich schon damals schwer anrudern ließ: „Der Gegenwind, der mich gestern in den Hafen von Malcesine trieb, bereitete mir ein gefährliches Abenteuer, welches ich mit gutem Humor überstand und in der Erinnerung lustig finde", hielt Goethe später fest. Schließlich löcherten ihn misstrauische Einheimische mit allerhand Fragen, weil ihnen Goethes Interesse an ihrer belanglosen Burgruine höchst verdächtig vorkam.

Eine romantische Hochzeitskulisse

Bis die ersten Touristen staunend durch das pittoreske Örtchen liefen, sollten nach Goethes Reise noch mal um die hundert Jahre vergehen. Dafür wundert das Interesse an der Burg inzwischen

Blick von der Scaligerburg in Torri del Benaco auf den alten Hafen und die Dächer der Stadt.

niemanden mehr. Das „Malcesine Castle" sei längst einer der besten Exportschlager, erzählt Gwen Courtman. Und die Frau muss es wissen, schließlich ist sie Hochzeitsplanerin und die Burg von Ostern bis Oktober in festen Händen der Brautpaare. Um die 300 sind es jedes Jahr, die sich wie Tessa und Brian aus Sheffield auf der Suche nach einer romantischen Hochzeitskulisse für den Burgbalkon mit Seeblick entscheiden. Für das unbeschwerte Drumherum soll dann Hochzeitsplanerin Gwen sorgen.

Die Britin lebt seit mehr als 20 Jahren am Gardasee. Ursprünglich arbeitete sie in einem Reisebüro, in dem Hochzeitsarrangements immer häufiger nachgefragt wurden. Seit sie sich 2002 mit Lake Garda Weddings selbstständig gemacht hat, ist sie längst nicht mehr die einzige Hochzeitsplanerin in der Region. Aber da Billigflieger auch Gäste aus Großbritannien günstig an den Lago bringen, läuft vor allem das Geschäft mit ihren eigenen Landsleuten perfekt. Dabei haben doch gerade die Briten eine große Auswahl eigener Burgen und Schlösser, die als Hochzeitslocation taugen: „Stimmt", erwidert Gwen, „aber in Italien ist das Wetter schöner, das Essen besser, und die Verwandtschaft wird erst zu Hause eingeladen", sagt Brian. Denn für eine kirchliche Trauung spielen die italienischen Pfarrer

nicht mit, weshalb Gäste aus dem Ausland hier meist nur standesamtlich heiraten können.

High-Heel-Alarm
Selbst da sind es dann oft ganz profane Kleinigkeiten, die es zu beachten gilt, damit der vermeintliche Traumtag nicht in einer Tragödie endet.

„Tacco dodici?", fragt die Hochzeitsplanerin entsetzt und deutet auf Tessas zwölf Zentimeter hohe High Heels. So etwas ginge auf dem holprigen Kugelsteinpflaster von Malecesine gar nicht.

„Wenn Sie Ihre künftige Frau nicht zur Burg hinauftragen wollen, sollten halsbrecherische Schuhe nicht die erste Wahl sein", rät Gwen.

Doch nicht alle Missgeschicke sind immer zu verhindern. Mit Ersatz-Trauringen kann Gwen ja durchaus noch aushelfen, wenn die Hochzeiter sie vor lauter Aufregung vergessen haben. Flug-

reisenden wie Tessa und Brian aber rät die Hochzeitsplanerin zur praktischen Kleiderbox für die Kabine, damit es ihnen nicht ergeht wie einem Paar vor einigen Wochen. Die schritten beherzt in Shorts zum Traualtar, während die mit Brautkleid und Smoking aufgegebenen Koffer noch immer über Berlin kreisten.

Keine Straße, keine Zukunft?
Da fühlt man sich mindestens so verlassen wie in Campo, einem kleinen mittelalterlichen Dorf in den Bergen oberhalb von Magugnano. Es ist ein magischer Ort, an dem die Zeit keine Rolle zu spielen scheint. War hier bis in die 1950er-

Campo ist ein magischer Ort, an dem die Zeit keine Rolle zu spielen scheint.

Jahre noch jedes Rustico bewohnt, zogen mangels Komfort immer mehr Einheimische weg: keine Straße, keine Zukunft. Heute macht es dagegen sogar den Charme des verschlafenen Dörfchens aus, dass man es nur zu Fuß auf alten Eselspfaden oder mit dem Moun-

Die Scaligerburg in Torri del Benaco beherbergt heute ein Museum für Fischerei und Landwirtschaft.

Vor dem Albergo Ristorante Gardesana an der Piazza Calderini in Torri del Benaco: Claudio und Giacomo bringen Drinks und Knabbereien.

Besonders stimmungsvoll sind die Sommerabende in Torri del Benaco – und glücklich ist, wer sich ein lauschiges Plätzchen an der Uferpromenade ergattert.

Feierliche Prozession in Torri del Benaco anlässlich der jährlich in mehreren Orten am See ausgetragenen Ruderwettbewerbe.

Als besonders schöner „Balkon des Gardasees" wird das in knapp 600 Metern Höhe am Hang des Monte Baldo inmitten lichter Wäldchen und Olivenhaine thronende San Zeno di Montagna gerühmt, dessen Einwohner bis heute vor allem vom Ackerbau und von der Viehzucht leben.

Der geschützte Strand am Nordufer der Punta San Vigilio wird „Baia delle Sirene" genannt, die „Bucht der Meerjungfrauen".

Vielleicht der schönste Ort am Gardasee ist die etwa drei Kilometer westlich von Garda
in den See ragende Landzunge Punta San Vigilio.

tainbike erreichen kann. Die denkmalge-schützten Häuser, von denen einige wie das ehemalige Schloss in einem erbärm-lichen Zustand sind, sollen mithilfe eines EU-Projektes restauriert werden. Doch weil man sich über die Zukunft des dörf-lichen Lebens nicht einig ist, geht es nur schleppend voran.

Schöne Tage, magische Nächte

Allenfalls zur Ostermesse, die rund um die kleine Kapelle San Pietro in Vincoli stattfindet, erwacht die verlassene Schöne zu neuem Leben, wenn in großen Kesseln über offenem Feuer gratis für alle *Spa-ghetti con le sarde* zubereitet werden. Oder im August, wenn bei den *notti ma-giche*, den magischen Nächten, die Zu-hörer verträumt im Gras unter alten Oli-venbäumen der Jazzmusik lauschen und die Sternschnuppen beobachten. Außer ein paar Kunsthandwerkern, die ihre Ateliers in zurückhaltend restaurierten Häusern eingerichtet haben, leben dauer-haft nur mehr zwei Familien in Campo. Dabei ist der Ausblick auf den See hier mindestens genauso schön wie vom Kirchvorplatz in Albisano oberhalb von Torri del Benaco, den der Schriftsteller Gabriele d'Annunzio als „Balkon des Gardasees" rühmte.

Nach Torri del Benaco reiste 1948 auch André Gide, der sich mit fast 80 Jahren am Ende seines Lebens angekom-men wähnte, um in aller Ruhe mit Blick auf den Gardasee zu sterben. Doch das klappte nicht. Die schönen Tage am See hatten den Literaturnobelpreisträger wie-der aufgerichtet. Er stand früh auf, unter-nahm lange Spaziergänge, ging baden und genoss von seiner Terrasse im Hotel Gardesana die angenehm milde Septem-bersonne mit Blick auf den kleinen Hafen und die Burg der Scaliger dahinter. Als André Gide abreiste, fühlte er sich wie neugeboren und hinterließ im Rathaus die folgende Widmung: „Von der wunder-schönen Erinnerung, die ich hege, werde ich die Kraft nehmen, um den langen Lauf des Winters zu ertragen." Der Gardasee als Lebensretter, was will man mehr?

FORELLEN, FELCHEN, SARDINEN UND CO.

Fisch auf den Tisch

Nur wenige der etwa 50 Gardaseefischer arbeiten noch hauptberuflich wie Alberto Rania, der einzige Fischer im Norden. Viele Lokale bieten Fischgerichte an, doch selten mit so strikter Konsequenz wie das „Pescatore" in Castelletto di Brenzone: Fische nur aus dem See.

Kapitaler Fang: Alberto Rania aus Riva mit einem Prachtexemplar von einer Gardasee-Forelle.

Wenn das Fleisch lachsfarben ist, können Sie ganz sicher sein, keine Forelle aus dem Gardasee auf dem Teller zu haben", sagt Livio Parisi. Stattdessen stammt sie wohl aus Zuchtanlagen wie im Sarcatal, fügt der Fischexperte hinzu und erläutert, dass lachsfarbenes Fleisch durch Fütterung mit Karotin erreicht werde. Bei etwa fünf Millionen Urlaubern jährlich ist der Bedarf an Fischen kaum allein durch den See zu decken. Livio Parisi muss es wissen, denn in seiner Osteria „al Pescatore" am Hafen in Castelleto di Brenzone gibt es nur eines: frische Fische direkt aus dem Gardasee.

Überraschungsmenü im Stübchen

Das kleine Lokal ist längst legendär. Eine Speisekarte gibt es nicht, dafür ein fünfgängiges Überraschungsmenü aus frischen Gardaseefischen in allen nur erdenklichen Varianten, zubereitet von Mama Rosaria, serviert von Tochter Sara. Schon mittags rufen Gäste an, um zu erfragen, was es abends geben wird: einen Carpione vielleicht? Undenkbar, meint Livio – der Königsfisch des Gardasees ist längst vom Aussterben bedroht. Aber eine vier Kilo schwere Seeforelle hat er von seinem Lieblingsfischer Alberto Rania aus Riva bekommen. „Spitzenqualität", schwärmt der Padrone, weil das Wasser im Nordteil tiefer, kühler und sauberer ist. Mehr als 20 Seeforellen im Jahr fängt selbst Alberto nicht.

Bei einem Marktpreis von etwa 25 Euro das Kilo kann man erahnen, weshalb viele Lokale lieber eine Zuchtforelle wählen – da liegt der Preis bei gerade mal acht Euro das Kilo.

Freunde erklärten Alberto Rania für verrückt, als er seinen langjährigen Job in einer Papierfabrik an den Nagel hängte, weil ihm Lärm und künstliches Licht unerträglich wurden, um hauptberuflich Fischer zu werden, der einzige überhaupt im Norden. Jetzt ist er sein eigener Herr, muss dafür aber schon um vier Uhr morgens auf dem See die Netze vom Vorabend einholen.

Vom Meer in den See

Coregone, am Ostufer auch „Lavarello" genannt, sind die Brotfische des Sees, weil die bei uns auch Felchen oder Renke genannte Art bis auf wenige Ausnahmen das ganze Jahr über gefangen werden darf. Ein paar Sardinen sind auch dabei, obwohl die ja eigentlich im Meer leben. „Im Gardasee landeten sie schon in grauer Vorzeit, als der See noch ein Arm des Meeres war", erklärt Rania.

Rosaria zaubert daraus ihr Sardinen-Gericht *Bigoli con le sarde* – ein Gedicht. Ihr Tipp: den Fisch in Pergament ins Rohr geben oder leicht andünsten, dann gelingt die optimale Zubereitung. Den Grill hat die Köchin längst aus ihrer Küche verbannt, denn der tötet den Geschmack eines jeden Fisches, da ist sie sich ganz sicher.

Rosaria, Livio und Sara Parisi vor ihrer Osteria in Castelletto di Brenzone, in der nicht nur ausschließlich frischer Fisch aus dem Gardasee aufgetischt wird, sondern in der Padrone Livio auch gern für die Unterhaltung der Gäste sorgt – mal mit einem Gedicht, mal mit einer Gesangseinlage.

Die Fischerfamilie Dominici von San Giacomo bei Gargnano nimmt nach Voranmeldung bis zu zwei Personen mit hinaus zum Fang auf den See – ein unvergessliches Erlebnis. Auskünfte im Sekretariat des Bürgermeisters von Gargnano, Tel. +39 036 579 12 43.

Fakten & Informationen

Fangfrische Fische von Alberto Rania bekommt man von Anfang April bis Mitte Nov., Di. u. Fr. von 10.00 bis 12.00 Uhr direkt vor der Rocca beim Brolio-Park in Riva (Tel. +39 033 485 92 60, www.albertorania.it).

Osteria al Pescatore, Via Imbarcadero 31, I-37010 Castelletto di Brenzone, Tel. +39 045 743 07 02, www.osteria alpescatore.it; fünfgängiges Überraschungsmenü inkl. einer Flasche Wein und Wasser, 60 Euro pro Person.

Im Silberglanz der Olivenhaine

Der lang gezogene Bergrücken des Monte Baldo dominiert die Ostküste mit ihren vielen Olivenhainen. Vorbei an den dominanten Scaligerburgen von Malcesine und Torri del Benaco geht die Fahrt den See entlang bis nach Garda.

❶ Malcesine

Die markante, weithin sichtbare Scaligerburg, die schon Goethe faszinierte, hat Malcesine (3700 Einw.) bis weit über seine Grenzen hinaus bekannt gemacht. Wochenmarkt: Sa.

SEHENSWERT/MUSEUM

Auf den engen, mittelalterlichen Pflastersteingässchen hinauf zur Scaligerburg (13. Jh.) ist gutes Schuhwerk ratsam. Im dortigen **Museo del Garda e del Baldo** (März–Okt. 9.30–18.30 Uhr) wird u.a. der unglaubliche Transport dokumentiert, mit dem es den Venezianern 1439 in einer Kriegslist gelang, Galeeren über die Berge nach Torbole zum See zu schaffen. Vom 33 m hohen Turm hat man einen grandiosen Blick übers Häusermeer. Schöne Seeblicke gibt es auch vom Innenhof des im gotisch-venezianischen Stil errichteten **Palazzo dei Capitani** (16. Jh.). Weiter südlich ist der kleine Hafen **Cassone** mit seinem Rundturm „La Toresela" und Fischerbötchen einer der idyllischsten am See. Auch der angeblich kürzeste Fluss der Welt (175 m) fließt hier in den See.

ERLEBEN

Sommerliche Klassikkonzerte im Burgambiente: **Teatro del Castello**, www.visitmalcesine.com/de.

AKTIVITÄTEN

In Drehkabinen geht es mit der **Seilbahn** zur Gipfelstation (1800 m) des Monte Baldo, www. funiviedelbaldo.it/de/. Auch **Surfer**, **Kiter** und **Catsegler** kommen auf ihre Kosten: Die geschützte Bucht von Val di Sogno ist für Anfänger ideal (Sticklsportcamps, Via Gardesana 144 b, I-37018 Malcesine/Val di Sogno, Tel. +39 0457 40 16 97, www.stickl.com).

RESTAURANTS

Den besten Blick auf die Malcesine-Burg mit vorzüglicher Holzofenpizza hat man von der Seeterrasse des €€ **Lido Paina** (Loc. Paina 49, Tel.+39 045 740 05 87, www.lidopaina.it). Seine Wunschpizza darf man in € **Da Gigi** (Via Gardesana 214, Tel. +39 045 658 43 39, www. dagigimalcesine.it/de/) selbst zusammenstellen. Wer gerne am kürzesten Fluss die größte Pizza am See verdrückt (die Calzone wird auf zwei Tellern serviert und ist von einer Person kaum zu schaffen!), ist in Cassone in der € **Pizzeria Aril** richtig (Via Porto, 3, Cassone, Tel. +39 045 658 42 00; keine Reservierungen!). Gehoben zu geht es im Sterne-Restaurant €€€€ **Vecchia Malcesine** von Leandro Luppi zu

Oben und rechts oben: Sommer, Sonne, Spaß bei Malcesine, dessen Palazzo dei Capitani einen schönen, zum See hin offenen Garten hat. Rechts unten: in Assenza di Brenzone.

(Via Pisort 6, Tel. +39 045 740 04 69, www.vecchia malcesine.com).

HOTEL

Das €€€ **Guesthouse Grand View**, 6 km oberhalb von Malcesine, bietet neben grandiosem Ausblick und Außenpool stylisch eingerichtete Rusticos mit Holzmöbeln aus recycelten Anlegepfählen von Venedigs Lagune (Località Masotta 5, Tel. +39 045 659 02 19, www.guesthousegrandview.com/de).

INFORMATION

Tourismusverband, Via Gardesana 238, I-37018 Malcesine, Tel. +39 045 740 00 44, www.visitmalcesine.com/de

❷ Brenzone

Einen Ort Brenzone sucht man vergeblich. Dafür sind Assenza, Boccino, Borago, Campo, Castelletto, Castello, Magugnano, Marniga, Porto und Zignago die wichtigsten der 16 Fraktionen, aus denen sich die Gemeinde Brenzone (2500 Einw.) zusammensetzt. Alle dazugehörigen Orte tragen den Zusatz „di Brenzone" in ihrem Namen. Ruhig und beschaulich geht es hier selbst direkt am See zu.

SEHENSWERT

Kleine Häfen wie **Porto**, **Magugnano** oder **Castelletto** erinnern an Zeiten vor dem Tourismusboom. Im romanischen Kirchlein **San Nicola di Bari** auf der Piazza von **Assenza** (14. Jh.), einst Gebetskirche der Fischer, verbergen sich schöne Fresken. Das Frauenkloster **Istituto Piccole Suore della Sacra Familia** in Castelletto ist eines der größten Klöster am See. Die freundlichen Ordensschwestern des Herzensordens führen Besucher gern herum (www. pssf.it).

AKTIVITÄTEN/VERANSTALTUNGEN

Eine **Wanderung** ins fast verlassene Bergdorf Campo, 600 m oberhalb von Marniga, ist besonders an Ostern reizvoll. Auch die magischen Musiknächte **notti magiche** im August sind ein Erlebnis (www.campobrenzone.it). **Surfen** kann man mit einem Elektro-Surfbrett auch bei absoluter Windstille (Newschool Kitesurfing, Via Nascimbeni 66, I-37010 Brenzone, Tel. +39 392 326 70 89, www.newschool-kite surfing.info). Für **Mountainbiker** und **Radrennfahrer** ist die Punta Veleno von Castelletto (140 m) nach Prada Alta (1156 m) wegen ihrer steilen, 8 km langen Haarnadelkurven

Badefreuden bei und Nachtleben in Torri del Benaco, Marktstand in Garda.

und Steigungen von bis zu 20 Prozent eine harte Prüfung (www.puntaveleno.it).

RESTAURANTS/ HOTEL

Regionale Spezialitäten wie Kaninchen, Bollito Misto (Fleischplatte mit Brotsauce) sowie hausgemachte Polenta oder Bigoli kann man im €€ **Belvedere** in Marniga schlemmen (Tel. +39 045 742 00 55). Fische nur aus dem Gardasee kommen bei €€€€ **Al Pescatore** am Hafen von Castelletto auf den Tisch (siehe das DuMont-Thema auf den Seiten 72/73). Direkt an der Uferpromenade gelegen, ist das seit Generationen von der Familie Brighenti-Veronesi geführte €€€ **Boutiquehotel Brenzone** (Via XX Settembre 26, Magugnano, Tel. + 39 045 742 03 88, www.hotelbrenzone.com), ein romantischer Platz mit Terrassenzimmern und vorzüglichem Essen im hauseigenen Restaurant **Al Vapor**: Die Fischplatte und das Chateaubriand sind ein Gedicht.
Direkt am Strand zw. Marniga und Castelletto liegt das Hotel €€ **Santa Maria** (siehe: „Unsere Favoriten", S. 20/21).

INFORMATION

Tourismusverband, Via Zanardelli 38, I-37010 Porto di Brenzone, Tel. +39 045 742 00 76, www.brenzone.it/de/

❸ Torri del Benaco

„Lacus Benacus" ist die alte Bezeichnung des Gardasees, die Torri noch im Namen trägt. Der Ort ist die wichtigste Verbindung für Autofähren ans Westufer nach Toscolano-Maderno, um sich den weiten Weg um den bauchigen Süden zu ersparen (im Sommer tgl. mind. stündl. 8.00 bis 20.00 Uhr). Wochenmarkt: Mo.

SEHENSWERT/MUSEUM

Zum Schutz des zauberhaften kleinen Hafens wurde auf einer Landzunge 1383 das **Scaligerkastell** errichtet, von dessen oberem Befesti-

gungsgang man einen tollen Ausblick hat. Auch eine Limonaia und ein Museum gehören zur Burg. Themen sind Olivenverarbeitung und Fischereirechte von 1452, die noch heute gültig sind (Mitte Juni–Mitte Sept. 9.30–13.00, 16.30–19.30, April–Mitte Juni u. Mitte Sept. bis Okt. 9.30–12.30, 14.30–18.00 Uhr, www.museodelcastelloditorridelbenaco.it).

ERLEBEN/AKTIVITÄTEN

Eine recht anspruchsvolle **Mountainbiketour** über Albisano nach San Zeno di Montagna (500 m) wird mit traumhaften Aussichten auf den Lago belohnt.

RESTAURANTS/HOTELS

Auf dem stets blumengeschmückten Balkon des €€€€ **Albergo Ristorante Gardesana** (Piazza Calderini 5, Tel. +39 045 722 54 11,

Tipp

Club der Pensionäre

An lauen Sommerabenden setzen sich ältere Herrschaften in Castelletto di Brenzone gerne zum Plausch zusammen. Dafür haben sie sich eigens einen ausgewiesenen Stammtisch am See südl. des Hafens beim Parkplatz eingerichtet: **Club Pensionati Castelet** steht groß auf einem handgeschriebenen Schild. Seine Gründer, die sich einst sogar aus Jux auch noch Club-Ausweise ausgestellt hatten, sind längst nicht mehr am Leben. Aber eine gute Idee findet immer ihre Nachahmer.

Im Club der Pensionäre sind auch Nichtmitglieder jederzeit willkommen.

www.gardesana.eu) sitzt man direkt über dem Hafen von Torri mit Blick auf die Scaligerburg, weshalb hier schon gekrönte Häupter und Präsidenten speisten. Im Hotel (€€€) logierte einst André Gide, Maria Callas hat man ein Nudelgericht gewidmet: Bigoli mit Sardellen, Pinienkernen und Sultaninen. Günstiger und ebenfalls mit schöner Kulisse speist man am Seeufer des Lungolago Barbarani, in einem der vielen Restaurants, die auf Pontonstegen malerisch im Wasser stehen. Das €€€ **Baia dei Pini** liegt in einem Privatpark mit drei verschiedenen Häusern, die von modern bis barock unterschiedlich eingerichtet sind (Via Gardesana 115, Tel. +39 045 722 52 15, www.baia deipini.com). Das €€€ **Le Torri del Garda Family Resort Spa** (Via Bardino, 7a, Tel. +39 045 629 81 11, www.letorridelgarda.com) in Albisano oberhalb von Torri hat besonders geräumige Familienzimmer (30–75 m²), eine große Poolanlage und herrlichen Seeblick.

UMGEBUNG

Vor der Dorfkirche San Martino in **Albisano** (300 m) betritt man einen der schönsten Aussichtsplätze auf den See.

INFORMATION

Tourismusverband, Via Gardesana 5, I-37010 Torri del Benaco, Tel. + 39 045 629 64 82, www.torri-del-benaco.net

❹ Garda

Garda (4100 Einw.), die Namensgeberin des Sees, wird geprägt von ihrer sichelförmigen Bucht und deutlich mediterraner Vegetation sowie von vielen herrschaftlichen Villen. Die Fischer von Garda halten mit ihrer Genossenschaft die älteste gewerbliche Fischertradition am See am Leben. Wochenmarkt: Fr.

SEHENSWERT

Der kleine **Kapitänspalast** im Ortszentrum stammt aus venezianischer Zeit und war Sitz der vereinigten Uferstädte. Die beiden schönsten Villen befinden sich nördl. des Zentrums und sind in Privatbesitz: die nur vom Wasser aus einsehbare **Villa Canossa** und die **Villa Albertini** mit prächtiger Parkanlage, die man durch das vergitterte Eingangstor bewundern kann.

VERANSTALTUNGEN

Zu Ehren der Gardasee-Sardinen findet Ende Juni das Schlemmerfest **Sardellata al Chiar di Luna** statt (www.lagodigardaveneto.com).

AKTIVITÄTEN

Der Ort eignet sich gut für **Segeltörns** z.B. mit der Siora Bianca, einem Holzschoner, den man 2016 vom Atlantik nach Garda gebracht hat: www.siorabianca.com/de.

RESTAURANT/ HOTEL

„Die Speisekarte bin ich", sagt Luca Brangian von der €€ **Trattoria Enoteca Al Graspo** (Piazza Calderini, 12, Tel. +39 045 725 60 46, www.graspo.it) und lässt die Kellner zum Pau-

Tipp

Unter Felsenschutz

Es sieht fast so aus, als hätte sich die Wallfahrtskirche **5** **Madonna della Corona** mit ihrem spitz aufragenden Turm vor dem Regen unter eine überhängende Felsenwand geflüchtet. Das Kirchenschiff ist in einen Felsen des Monte Baldo-Massivs hineingebaut, die Westwand im Inneren reines Felsgestein. Vorläufer war eine Eremitage (Ende 12. Jh.s). 1436 vom Malteserorden übernommen, entstand im 15. Jh. die Felsenkirche – auf 775 m einer der höchstgelegenen Wallfahrtsorte Italiens.

Zu Fuß erreichbar von Spiazzi in ca. 15 bis 20 Min. (April–Okt. 7.00–19.30, Nov.–März 8.00– 18.00 Uhr)

schalpreis von 30 Euro inkl. Getränken 10 bis 12 Gänge aus Fisch und Meerestieren aufti- schen. Oberhalb von Garda speist man gehoben in einer renovierten Ölmühle (15. Jh.) mit Seeblick-Terrasse (**€€€€ Ristorante Ai Beati**, Via Val Mora 57, Tel. +39 045 725 57 80, www. ristoranteaibeati.com). Das **€€€ Hotel du Parc** in einer Villa aus dem 19. Jh. liegt traumhaft an der Seepromenade mit Pool, Park und Frühstücksterrasse, einzig die Zimmer sind etwas altbacken (Via Guglielmo Marconi 3, Tel. +39 045 725 53 43, www.chincherinihotels.com).

UMGEBUNG

In die mediterrane Landschaft der **Punta San Vigilio** TOPZIEL fügt sich ein kleiner Hafen mit Villa und Kirchlein hübsch ein. Die adeligen Besitzer betreiben hier die **€€€€ Locanda S. Vigilio** (Punta San Vigilio, Tel. +39 045 725 66 88, www.locanda-sanvigilio.it), ein Hotel mit Restaurant sowie eine kleine Hafentaverne. Jenseits des Resorts gibt es für Tagesgäste ein kostenpflichtiges Strandbad, die **Baia Delle Sirene** (www.parcobaiadellesirene.it/ho- mede/) sowie den **Parco San Vigilio**, eine private Parkanlage mit 200 m² Pool, Pavillon, Liegestühlen, Umkleiden und Gourmetkiosk (April–Sept., Tel. +39 045 725 58 84, www.par cosanvigilio.com).

INFORMATION

Tourismusverband, Piazza Donatori di Sangue 1, I-37016 Garda, Tel. +39 045 725 58 24, www.lagodigardaveneto.com

Genießen   Erleben   Erfahren

DuMont Aktiv

Der Wagemutige

Von submediterran bis zu alpin reichen die verschiedenen Vegetationsstufen, die Wanderer auf relativ kurzer Distanz bei ihrem Aufstieg zur Cima Valdritta, dem höchsten Punkt des **Monte Baldo** TOPZIEL (2218 m), erleben können. Neben einer gigantischen Aussicht, die von ganz im Norden bis hinunter in den Süden reicht, hat der Monte Baldo vor allem eine große Naturvielfalt zu bieten. Im Winter sind seine Gipfel verschneit – manchmal kann man sogar Ski fahren. Der Herbst färbt seine Buchenwälder bunt, und der Frühling lässt ein Wiesenmeer erblühen. Vielleicht weil er sich das alles spielend zutraut, hat man dem Berg den Namen „Baldo", übersetzt „der Wagemutige", gegeben.

Sein Bergrücken, der sich auf einer Länge von über 30 km an der Nordwestküste entlangzieht, hält vor allem für die Botaniker unter den Wanderern eine wahre Fundgrube von mehr als 1600 verschiedenen Pflanzenarten bereit, darunter Orchideen und rote Lilien, Pfingstrosen und Edelweiß. Bereits im 16. Jahrhundert hieß die Landschaft hier deshalb „Hortus Italiae" – der „Garten Italiens". Schon damals wurden Arzneipflanzen gesammelt, die auch heute wieder in der natürlichen Heilkunde gefragt sind.

Auch Murmeltiere, Gämsen und mit Glück sogar Adler kann man hier beobachten sowie gleichzeitig Kühen und Schafen begegnen. Denn es gibt sowohl ausgewiesene Naturschutzgebiete als auch Bereiche, in denen noch Almwirtschaft betrieben wird. Für Hütten mit Jausenstation ist auf jeden Fall gesorgt. Einen leichten Zugang ins weitläufige Gebiet finden Wanderer mit der Seilbahn von Malcesine aus.

Weitere Informationen

Routenvorschläge für Wanderungen:
www.visitmalcesine.com/de/tags/wandern
Botanischer Garten Monte Baldo
mit mehr als 700 endemischen Pflanzen:
www.ortobotanicomontebaldo.org

Seilbahn von Malcesine zur Gipfelstation Tratto Spino (1800 m): www.funiviedelbaldo.it/de/

Im Uhrzeigersinn von oben links: Maiglöckchen, Wintersport, Enzian, Schafe am Monte Baldo.

Endlich Meer!

Wenn die Berge im Süden allmählich zurücktreten, macht sich der
See in einem bauchigen Becken
breit. Schon der römische Dichter
Catull sprach vom Gardasee als
dem „kleinen Meer". Der Spaß am
und im Wasser spielt hier die Haupt-
rolle: beim Baden, bei der Strand-
party, in den Thermalquellen oder
der Wasserburg von Sirmione.
Ruhiger lebt es sich in den romantischen Wohnburgen des Valtenesi.

Blick von der Scaligerburg in Sirmione, dessen Altstadt auf einer mit
dem Festland durch eine kleine Brücke verbundenen Insel liegt.

Von oben nach unten: „Grotten des Catull" in Sirmione, Piazza Vittorio Emanuele und Via Castello in Lazise.

Linke Seite: Typisch für die Bauten der Scaliger wie hier das Kastell in Sirmione sind die Schwalbenschwanzzinnen.

Kein Ufer in Sicht. Nirgends. Der Blick geht ins Leere, denn wie von Zauberhand ist die gegenüberliegende Seeseite einfach im Dunst verschwunden. An heißen Sommertagen kann das vor allem im Süden regelmäßig passieren. Dann wirkt der See grenzenlos. Dieses Gefühl, am Meer zu sein, hält so lange an, bis ein reinigendes Gewitter über Nacht die Waschküche wieder in glasklare Nahsicht verwandelt. Spätestens wenn der Gewittersturm auch noch Wellen von bis zu drei Metern Höhe an Land schickt, glaubt keiner mehr daran, nur an einem See zu sein.

Mitte August, wenn zu Ferragosto ganz Italien Urlaub macht, herrscht auch am Gardasee bei einem Badewetter mit bis zu 38 Grad ein Gewimmel aus knallbunten Luftmatratzen, aufblasbaren Badeinseln, Gummibooten und Schwimmtieren vom Krokodil bis zum Einhorn. Der Eindruck, plötzlich an der Adria zu sein, wird noch dadurch verstärkt, dass man am Strand bisweilen kleine Muscheln findet und viele der sonst von Kieselsteinen bedeckten Strände mit künstlichem Sand aufgeschüttet sind. Maritimen Illusionen kann man sich auch in vielen Restaurants hingeben, die gegrillte Scampi, Tintenfisch oder Spaghetti *allo Scoglio* (mit Meeresfrüchten) auf der Speisekarte haben.

In Feierlaune

Leider wächst sich der Uferverbund zwischen Peschiera, Sirmione und Desenzano seit Jahren immer mehr zu einem riesigen Freizeit- und Shoppingpark aus. Sobald der Tag zu Ende geht, übernehmen die Partygäste den Strand. Zum Wochenende kommen dann viele Italiener aus dem nahen Brescia, Bergamo, Cremona oder Mantua zum Feiern unter dem Sternenhimmel, wo Pyrotechniker riesige Flammen und Wolkennebel entfachen, als sei man auf einer Beachparty in Rimini.

Zwei Freundinnen in Hotpants und Sommerkleidchen sind in Feierlaune sogar aus Mailand angereist. „Urlaubsfeeling gleich nach Arbeitsschluss", jubelt

Erinnerungen an die Zeit der venezianischen Republik, zu der der Gardasee im 15. Jahrhundert gehörte, weckt dieses vor der mächtigen Festung in Peschiera aufgenommene Bild.

Laura und zieht ihre Begleiterin sofort in die Menge, die schon zu den Elektrobeats tanzt. Alle Arme gehen hoch und folgen dem Rhythmus der Musik.

„Sei gegrüßt, du liebliches Sirmione"
Wie ein ausgestreckter Arm zeigt auch die Landzunge von Sirmione hinein in den See. An der Spitze der etwa vier Kilometer langen Halbinsel liegen die berühmten Grotten des Catull: Zwar suchte der Dichter die Gegend öfter auf und schwärmte in seinen Versen vom lieblichen Sirmione, doch weiß man heute, dass es sich bei den Ruinen weder um eine „Grotte" handelt (so bezeichnete ein Chronist der Renaissance den eingestürzten, überwucherten Komplex), noch um seinen Wohnsitz, sondern wohl um die Überreste eines repräsentativen römischen Gästehauses oder die große Villa eines wohlhabenden Privatmanns.

Doch mit Kapitellen und Torbögen zwischen alten knorrigen Olivenbäumen halten sich unsere Mailänder Freundinnen heute nicht lange auf. Laura und Ginevra haben es eilig – sie nehmen den Fußweg, der direkt von der Anlage hinunter zu einem der schönsten Strände des Sees führt. Die hellen, flachen Kalkplatten rund ums Kap reichen weit hinaus ins Wasser, das sich hier deshalb besonders karibisch-türkis widerspiegelt. Doch be-

Special

Ruderwettbewerb „Lega delle Bisse"

Stehrudern wie in Venedig

Die Tradition der Bisse – über zehn Meter lange Boote mit sehr flachem Boden – reicht lange zurück: Schon für das Jahr 1548 ist eine Regatta am Gardasee belegt.
Bei ihrem Anblick fühlt man sich an venezianische Gondeln erinnert: Wie diese werden sie mit einem Paddel im Stehen fortbewegt; bei den „Lega delle Bisse" (der jährlichen Regatta) sogar gleich von vier Personen, was viel Geschick und einen guten Gleichgewichtssinn erfordert. Der flache Bootsboden löst beim Rudern eine Zick-Zack-Bewegung aus, die an eine Schlange erinnert, daher auch der Name: „Bisse" bedeutet Nattern.

Dank einiger begeisterter Ruderer vor allem in den südlichen Gemeinden Gargnano, Garda, Lazise und Bardolino wurde diese Art des Stehruderns am Lago wiederbelebt. Wettbewerbe finden heute an verschiedenen Orten des Sees von Anfang Juni bis Anfang August statt. Termine und Orte: *www.legabissedelgarda.com*

„Voga veneta" – stehend rudern die (inzwischen auch weiblichen) Ruderteams.

Einladend: Restaurant im Hafen
von Lazise.

Köstlich: „Olivenöl-Tasting" im Museo dell'Olio
in Bardolinos Via Peschiera.

Am alten Hafen (Porto vecchio) von Desenzano, der
größten Stadt am Gardasee.

Hochzeit im Borghetto: Das zu beiden Seiten des Flusses Mincio gelegene frühere Fischerdörfchen ist heute ein Vorort von Valeggio sul Mincio.

Spaziergang durch die Rosenallee des herrlich blühenden Parco Giardino Sigurtà mit dem Scaligerkastell von Valeggio sul Mincio im Hintergrund.

Beim „Liebesknotenfest", der „Festa del Nodo d'Amore", werden auf der fast 1000 Meter langen Viscontibrücke im Borghetto Unmengen von Tortellini verspeist.

Hier im malerischen Valeggio sul Mincio wurde eine Variante der Tortellini erfunden.

vor die beiden Kurzurlauberinnen sich hier von der durchtanzten Nacht erholen, muss für die Freunde daheim noch schnell ein Selfie geknipst werden: „Haben gerade viel Spaß in Jamaika", posten die Freundinnen, was nicht einmal gelogen ist, denn wegen seiner leuchtenden Wasserfarbe heißt der Strand hier ganz offiziell „Jamaika Beach".

Baden wie die Callas

Das an Schwefel, Brom und Jod reiche Thermalwasser, das in der Nähe der Grotten des Catull in etwa 18 Meter Seetiefe entspringt, gilt als besonders heilsam. Es wurde schon von den Römern geschätzt und kommt auch heute noch in einer Thermenanlage sowie in verschiedenen Thermenhotels zum Einsatz. Auch Maria Callas, die in Sirmione eine Villa besaß, soll gern in den Thermen gebadet haben.

Eine der schönsten Anlagen Sirmiones ist die mit Schwalbenschwanzzinnen gekrönte Wasserburg. Über eine kleine Fußgängerbrücke ist sie mit dem Festland verbunden: Durch dieses Nadelöhr müssen alle hindurch, die den meistbesuchten Ort des Gardasees auf dem Landweg erreichen. In der Hauptsaison wird es da so richtig eng, denn mittlerweile verschlägt es längst nicht mehr nur Deutsche in den Ferien hierher, son-

dern auch immer mehr chinesische und russische Touristen. Etwa 1,36 Millionen Übernachtungsgäste hat der Ort mit seinen rund 8200 Einwohnern pro Jahr zu bewältigen – dazu kommen dann noch die vielen Tagesgäste. Für Autos ist die Zufahrt in den Ort längst gesperrt, doch um ein Zuviel an Besuchern und lange Staus auf der unausweichlichen Gardesana zur Hochsaison zu vermeiden, bräuchte man am Gardasee eine nachhaltige Tourismusstrategie. Für Sirmione bleibt einstweilen nur der Rat, den Ort besser mit dem Linienboot oder lieber nur in der Nebensaison anzusteuern.

Neben den deutschen kommen auch immer mehr chinesische und russische Touristen hierher.

Wohnburgen fürs Volk

Viel entspannter lässt sich historisches Burgleben selbst zur Haupturlaubszeit in der lieblichen Hügellandschaft des Valtenesi erleben. Anders als die Burgen der Scaliger waren die Wohnburgen im südwestlich gelegenen Hinterland des Gardasees nicht dem Adel, sondern schon im-

mer dem normalen Volk vorbehalten. Etwa zehn solcher Festungsanlagen, die in der Gegend „Ricetti" genannt werden, gibt es hier. Neben Moniga, Soiano, Carzago, Bedizolle und Puegnago gilt die Wohnburg von Padenghe als eine der schönsten. Die etwa 70 mal 38 Meter umfassende Anlage thront direkt oberhalb des Ortes mit Blick auf den Gardasee und wurde bereits im 10. Jahrhundert aus Bruch- und Feldsteinen errichtet.

Kaum durchs Burgtor eingetreten, blickt man im Inneren der geschützten Mauern auf drei Reihen aus etwa einem Dutzend Natursteinhäusern, die zum Teil auch an die Ringmauer angebaut wurden. In einem kleinen Gärtchen wachsen Kräuter und Kirschtomaten, auf einem gepflasterten Platz flattert Wäsche im Wind. In einem großen Vorraum der Burg, der früher für die Besuche des Fürsten reserviert war, ist heute ein Open-Air-Theater untergebracht, in dem den

Rechts: Blick auf den ab dem Jahr 1604 erbauten Neuen Dom in Brescia und den Turm des Palazzo Broletto, des Regierungspalastes der mittelalterlichen Stadtrepublik an der Piazza Paolo VI.

Unten: Direkt neben dem Neuen Dom steht die Rotunde des im 11./12. Jahrhundert errichteten Alten Doms.

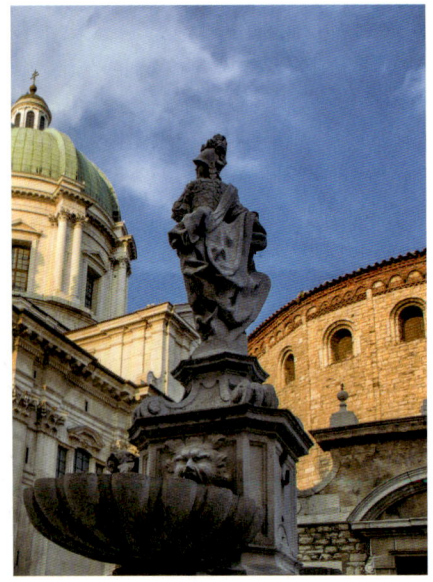

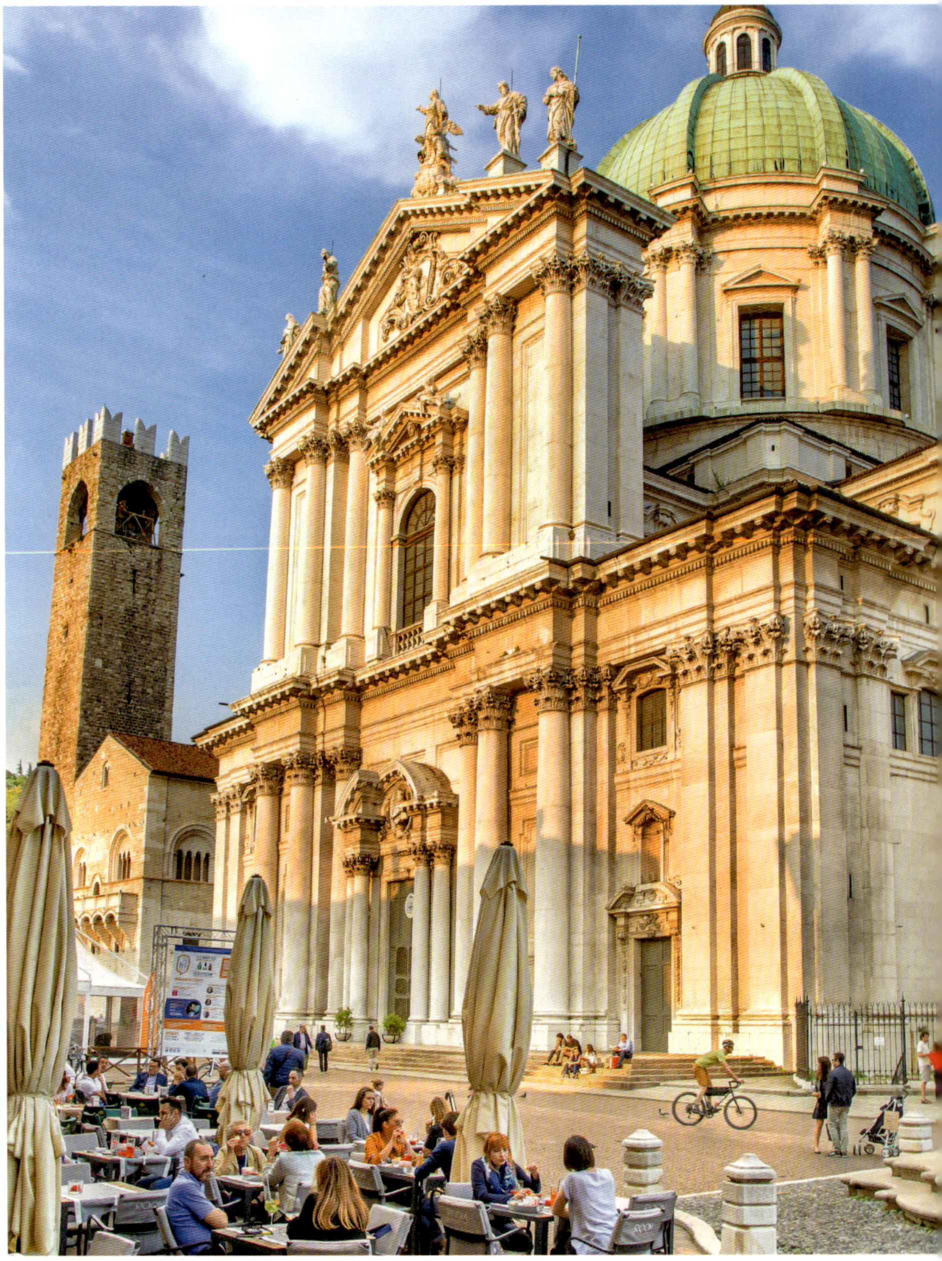

ganzen Sommer über Veranstaltungen angeboten werden.

Marilena Gabana, eine kleine zierliche Dame mit Kurzhaarfrisur, ist vor 55 Jahren im Schutz dieser Burg zur Welt gekommen. Eines der Häuschen gleich am Eingang gehört ihrer Familie schon seit dem 19. Jahrhundert. Im Sommer schützen die Mauern vor sengender Hitze, weshalb sich hier auch einige Tiere angesiedelt haben: „Eichhörnchen, Eichelhäher und eine kleine Eule", erzählt Marilena. Das passt natürlich perfekt in die Vorstellungswelt, die Urlauber vom romantischen Burgleben haben, wenn eine Eule nachts ein gespenstisches „U-huuu" durch die Gassen von Padenghe schickt.

Eine Million Sterne

Weil Marilena in Brescia arbeitet und nur im Urlaub in der Burg von Padenghe wohnt, vermietet sie die Zimmer im ersten Stock als kleines Bed & Breakfast an Feriengäste. Auf alten Fotos im Haus sind ihre Großeltern zu sehen, wie sie auf dem kleinen Brunnenplatz Wäsche waschen; die Gässchen sind noch nirgends gepflastert. Heute haben längst alle Häuser fließendes Wasser und elektrisches Licht. Marilena aber liebt besonders diese eine Nacht Mitte August: Wenn zum Lichterfest „nur mehr 1000 Kerzen in der Burg flackern und eine Million Sterne am Himmel leuchten, ist die Stimmung hier magisch", schwärmt die Burgbewohnerin. Und wie es einfache Dörfler zu eigenen Burgen gebracht haben, weiß sie natürlich auch: „Die Festungen waren ursprünglich als reine Speicheranlagen für hochwertige Weine, aber auch für Getreide und Oliven gebaut worden", erklärt Marilena. Denn schon früh war ein Machtkampf um das fruchtbare Gebiet des Valtenesi und seine reichen Naturschätze entbrannt. Bei den zahlreichen Überfällen suchten schnell auch die Bewohner der umliegenden Dörfer Schutz in den Speicherburgen, bis schließlich im Lauf der Zeit im Burginneren kleine Wohnviertel entstanden, in denen die Einheimischen dauerhaft leben konnten.

In der zur Piazza della Loggia führenden Via Cesare Beccaria
fällt der Blick auf den Torre dell'Orologio.

Rechts: Schönster Platz der Stadt ist die Piazza della Loggia – im Jahr 1433 auf Geheiß des damaligen Bürgermeisters angelegt, um architektonisch den Glanz und die Pracht der Venezianischen Republik zu symbolisieren. An der Westseite steht der ab 1492 errichtete Palazzo della Loggia, in dem sich heute das Rathaus von Brescia befindet.

Unten: Brescias – im ehemaligen Kloster San Salvatore (oder Santa Giulia) untergebrachtes – Stadtmuseum vereinigt in einem einzigartigen Gebäudekomplex römische, langobardische, romanische und Renaissancebauten. Zu den berühmtesten Exponaten zählt die „Geflügelte Victoria", eine fast zwei Meter hohe Bronzestatue aus dem zweiten Viertel des 1. Jahrhunderts.

Links: Im Jahr 753 gründeten der langobardische Herzog von Brescia, der spätere König Desiderius, und seine Gemahlin Ansa das dem hl. Salvator geweihte Benediktinerinnenkloster. Mit reichen Stiftungen aus dem ganzen langobardischen Reich ausgestattet, wurde es rasch eine der mächtigsten Abteien Norditaliens. Auch nach der Zerschlagung dieses Reichs rührten die siegreichen Franken das im 10. Jahrhundert der hl. Julia geweihte Kloster nicht an, sondern bereicherten es sogar noch zusätzlich um weitere Schenkungen. Heute gehört es zum geschützten Welterbe der UNESCO.

Neben dem Forum und einem antiken Theater blieb in Brescia auch die ausgedehnte Anlage eines Kapitolinischen Tempels erhalten.

Blick vom Kreuzgang des Klosterkomplexes auf die Königskirche San Salvatore, eines der besten Beispiele vorromanischer Sakralarchitektur.

Die Ochsentour

Die Region sei einst durch Handel zu großem Wohlstand gekommen, sagt Marilena und deutet hinunter zu den Häfen von Padenghe und Desenzano, die Umschlagplätze für Salz, Gewürze und Getreide waren. Vorwiegend aus dem Süden kommend, wurden die Waren per Lastensegler nach Norden Richtung Riva und von dort über die Alpen transportiert. Gehandelt wurde hier schon seit der Antike, aber erst unter der venezianischen Herrschaft nahm das Geschäft Fahrt auf. Es waren dann auch die Venezianer, die 1438 ihr Terrain am Gardasee mit allen Mitteln verteidigten, als ihnen die Mailänder Visconti den Zugang zum See versperrten, indem sie im Süden den Fluss Mincio und im Norden den Hafen von Riva besetzt hielten. Aufgeben war die Sache der Venezianer nicht: Deshalb holten sie trotz ihrer aussichtslosen Lage zu einem Überraschungscoup aus und schleppten mithilfe von 2000 Ochsen 30 Kriegsschiffe von der Etsch über die nördlichen Berge hinunter nach Torbole. Damit eroberten sie sich bis zum Jahr 1440 den ganzen See zurück.

Kafkas Glück

Im flacheren, leichter zugänglichen Süden und in seinem Hinterland ging es am Gardasee oft recht kriegerisch zu. Heute ist die Welt hier alles andere als bedrohlich. Schon dem zu Schwermut neigenden Franz Kafka schienen die Tage am See wie Balsam für die Seele zu sein. Über Desenzano, wo sich der Schriftsteller an einem Sonntag ins Gras legte, den Wellen im Schilf lauschte und dabei hinüber nach Sirmione blickte, schrieb er im Jahr 1913 an seine Verlobte Felice Bauer: „Mein einziges Glücksgefühl besteht darin, dass niemand weiß, wo ich bin. Wüsste

Wenn man nach Lust und Laune in den Tag hineinleben darf, haben alle Sorgen endlich Pause.

ich eine Möglichkeit, das für immer fortzusetzen!“ Das mag heute vielen ähnlich ergehen, die sich im Urlaub vor allem den nötigen Freiraum erhoffen, und sei es nur vor lästigen Anrufen aus dem Büro. Denn wenn man nach Lust und Laune ungestört in den Tag hineinleben und die Zeit ganz ohne Ordnung dahinfließen lassen kann, haben alle Sorgen endlich Pause.

Vom Erbe der Welt

Schade wäre es allerdings, wenn man den gewonnenen Freiraum ausschließlich zum „Wohlleben am Lago“ nutzen würde. Denn südwestlich des Sees wartet auf interessierte Besucher noch ein faszinierendes Weltkulturerbe: Brescia ist die einzige Stadt in Oberitalien, in der bis heute Monumente aus allen Epochen ihrer Geschichte erhalten blieben. Zu bestaunen gibt es einen römischen Tempel am ehemaligen Forum genauso wie eine langobardische Königskirche, Bauten der Romanik, Gotik und der venezianischen Renaissance sowie des Barock.

Von der Antike bis zur Neuzeit spannt sich der Bogen kunsthistorisch wertvoller Sehenswürdigkeiten, die sich wie selbstverständlich in den Alltag einer Stadt einfügen, die noch bis heute ein geschäftiges Eigenleben führt – und die es für viele erst zu entdecken gilt.

INSELPARADIESE

Fünf auf einen Streich

Die Inseln im Gardasee sind verborgene Kleinode, die man bis auf die ehemalige Festungsinsel Trimelone alle besuchen kann: die Trauminsel Isola del Sogno, die Oliveninsel Isola dell' Olivi, die Haseninsel San Biagio sowie die einzige – von einer Grafenfamilie – bewohnte Isola del Garda.

Im Schein der allmählich hinter den Bergen verschwindenden Sonne: Blick von Assenza di Brenzone auf die gegenüberliegende Isola di Trimelone.

„Je mehr man selbst von der Welt gesehen hat, desto mehr merkt man, wie einzigartig dieser Platz ist", meint Contessa Alberta (links), deren Familie die Isola del Garda (rechts) gehört.

Wind und Wellen haben gerade Pause. Deshalb lässt der Kapitän des historischen Zweimastseglers „Siora Veronica" die Segel einholen und das Schiff bei Flaute mithilfe eines leise tuckernden Dieselmotors durchs glitzernde Wasser treiben. Nun hat er endlich Zeit für einen Plausch mit seinen Gästen, die fasziniert davon sind, dass der restaurierte Schoner schon 1927 als typisch venezianischer Lastensegler in den Dienst gestellt wurde, um Waren von Riva nach Desenzano zu transportieren, weil es damals noch keine Straße gab. Heute unternimmt die „Siora Veronica" Ausflüge auf dem See, vor allem zur schönsten Insel, der Isola del Garda.

Isola del Garda: die Diva
Kurz vor San Felice nimmt die Königin der Inseln im Dunst des heißen Sommertages allmählich Konturen an. Die Isola del Garda erscheint wie eine Fata Morgana aus einem Meer von Zypressen, die ab und an den Blick freigeben auf einen überaus prunkvollen Palazzo mit Zinnen und Zacken, wie man sie nur von venezianischen Palästen kennt. Sie ist zwei-

fellos die Diva des Gardasees. Kapriziös zwar, aber wunderschön. Das Eiland ist die größte und die einzige bewohnte Insel des Sees. Wie ein geheimnisumwitterter Ort wirkt sie auf all jene, die sie nur mit dem Boot umkreisen, aber nie betreten, denn die Insel ist in Privatbesitz. Doch auch am Adel gehen Wirtschaftskrisen nicht spurlos vorbei – und so ein herrschaftliches Anwesen verschlingt obendrein hohe Restaurierungskosten. Um sich dieses kleine Paradies erhalten zu können, hat die Familie Borghese Cavazza beschlossen, ihren Palazzo für Besucher zu öffnen.

Contessa Alberta, rot gelockte Haare, koordiniert heute das Programm für Konzerte, Hochzeiten, Drehtermine und Tagesbesucher: „Die Insel ist noch immer unser Zuhause", sagt sie, deren Vorfahren im Jahr 1890 den neugotisch-venezianischen Palazzo auf den Ruinen eines Klosters errichteten. Ihre Großeltern beschäftigten noch 20 Bedienstete, um den üppigen Park mit seiner exotischen Vegetation, die der Insel den Namen „Mainau vom Gardasee" eingetragen hat, sowie den Palast mit seinen mehr als 60 Zimmern zu bewirtschaften. Die Borghese Cavaz-

zas bewohnen nur mehr einen Teil davon. Ein eingedeckter Speisesaal, ein Raum mit Gemälden samt Ahnengalerie und die Terrasse gehören zur Besichtigungstour. Auch wenn längst nicht mehr alle sechs Geschwister Albertas dauerhaft auf der Insel leben, zieht es die meisten von ihnen immer wieder zum behüteten Ort ihrer Kindheit zurück. Weshalb die Contessa schon hochdotierte Kaufangebote für ihre Prachtinsel ausgeschlagen hat.

Isola di San Biagio: die Haseninsel
Quasi nur einen Hasensprung von den Borghese Cavazza entfernt liegt ebenfalls in der Bucht von San Felice die Isola di San Biagio. Sie wird auch „die Haseninsel" genannt, weil Bauern hier früher Kleintiere hielten, die aus Angst vor dem Wasser nie von der kleinen Insel türmten. In den 1950er-Jahren legten die Häschen dann vermutlich öfter mal die Ohren an, denn da testete die Firma Beretta hier Waffen und Munition. Heute ist die Insel im Besitz des Campingplatzes San Biagio, der gleich gegenüber auf der Halbinsel Punta Belvedere liegt. Bei niedrigem Wasserstand kann man von dort das Eiland durchs flache Wasser so-

Andrea und Gabriele bewirtschaften den Imbiss auf der Isola di San Biagio.

Rechte Seite: Auch mit dem Kanu lässt sich die Isola di San Biagio gut erkunden.

gar zu Fuß erreichen. Ansonsten bringt ein Wassertaxi von Porto Torchio aus Besucher auf die Insel, die im Sommer mit einem Imbiss bewirtschaftet ist. Auch wenn die Privatinsel für Nicht-Campingplatzbewohner Eintritt kostet, lässt es sich hier im Liegestuhl wunderbar in den Tag hineinträumen, sodass man beinahe die Rückfahrt mit der „Siora Veronica" nach Malcesine verpasst.

Isola di Trimelone: die Festung

Um die Isola di Trimelone macht der Segler erst mal einen Bogen, denn das nur 300 Meter von der Ostküste bei Assenza di Brenzone gelegene Inselchen ist noch militärisches Sperrgebiet. Nein, Mussolinis verschollene Kisten mit Gold und Geheimdokumenten hat man bislang nicht auf der Insel gefunden. Darüber hatte es immer wieder Spekulationen gegeben, weil der Duce auf der Insel 1945 einem Journalisten sein letztes Interview gab, bevor er vom Lago flüchtete.

Fakten & Informationen

....

Ausflüge: Die achtstündige Tour mit dem historischen Großsegler Siora Veronica beginnt und endet in Malcesine. Sie beinhaltet Tagesverpflegung sowie den Besuch der Isola del Garda und passiert auch andere Gardasee-Inseln. Preis: 80 Euro pro Person, www.sioraveronica.com/de

Isola del Garda: von März bis Oktober Überfahrten zu Führungen von 13 verschiedenen Orten im Süden, veranstaltet werden auch Konzerte und Hochzeiten. Zweistündige Führung je nach Überfahrthafen zwischen 18 und 38 Euro, www.isoladelgarda.com

Isola di San Biagio: bewirtschaftet von Mai bis Mitte September 9.00–18.0 Uhr, Eintritt 5 Euro, Bootshuttle von Porto Torchio hin und zurück 5 Euro, www.campingsanbiagio.net/de/isola.php

Wegen der strategisch günstigen Lage war die Insel schon seit dem 10. Jahrhundert umkämpft, nach dem Ersten und Zweiten Weltkrieg lagerten hier Tonnen von Granaten, Munition und Minen. Eine Räumfirma hatte den Kriegsschrott schon zum Abtransport gestapelt, als Brenzones Einwohner am 5. Oktober 1954 kurz vor Mitternacht durch eine heftige Explosion geweckt wurden. Das ganze Depot war in die Luft geflogen und hatte zahlreiche Sprengkörper wieder im See verteilt. Heute sieht man hier zwischen Oleanderbüschen ein massiv betoniertes Waffenlager sowie Überreste eines kleinen Hafens und ab und an ein paar Bergungstaucher.

Isola del Sogno: die Trauminsel

Nicht nur Surfer geben sich in Val di Sogno ihren Träumen hin. Die halbkreisförmige Bucht, die übersetzt „Tal der Träume" heißt, ist bei Badegästen wegen ihrer zauberhaften Anmutung sehr beliebt. Vor schönster Zypressenlandschaft, in die ein paar Villen hineingestreut sind, dümpeln immer auch ein paar Boote vor sich hin. Von einer Landzunge aus gelangt man bei niedrigem Wasserstand zu Fuß auf die nur 20 Meter entfernte Isola del Sogno. Der Besuch der kleinen, unbewohnten Trauminsel wird geduldet, obwohl sie zu einem angrenzenden privaten Villengrundstück gehört. Besonders Wassersportler suchen das Eiland gern auf, denn der ehemalige Segeleuropa- und Surfweltmeister Heinz Stickl hat hier eine Surfschule. Aufgrund ihrer windgeschützten Lage ist die Bucht ideal für Einsteiger. Und wer als Profi mehr Wind braucht, fährt einfach ein Stück weiter raus.

Isola dell'Olivi: die Oliveninsel

Die winzige, unbewohnte Oliveninsel ist schon von der Uferpromenade in Malcesine aus gut zu sehen. Man kann sie mit dem Boot erreichen oder vom gegenüberliegenden Ufer sogar mit der Luftmatratze. Dank zahlreicher glatter Felsen eignet sich das urwüchsige Fleckchen gut zum Sonnenbaden. Also nichts wie rauf auf die Luftmatratzen! Aber unbedingt den Strömungsverlauf mit einberechnen, damit man sein Ziel nicht verfehlt.

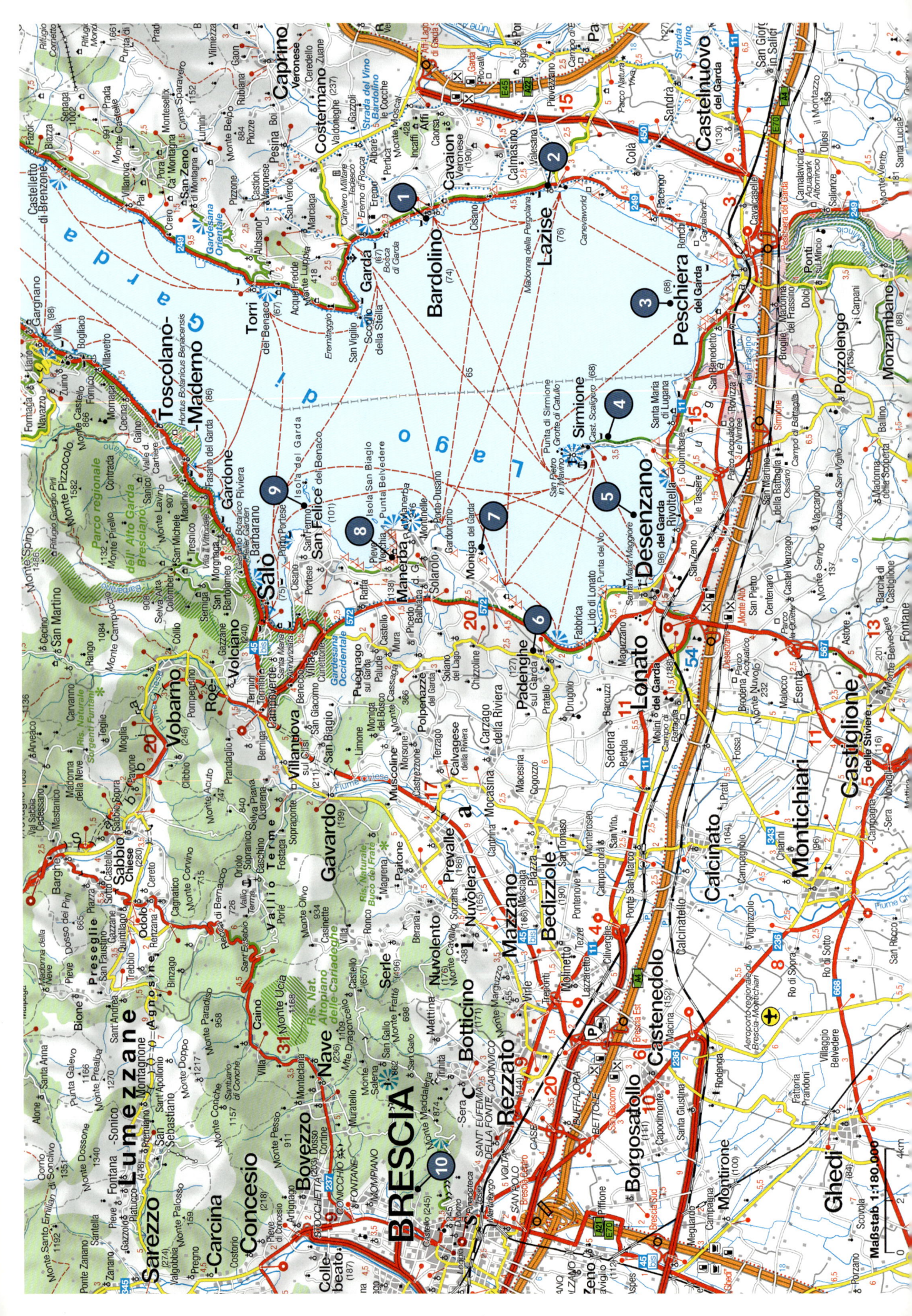

Sommer, Sonne, Süden

Wenn der See im Süden breit wird wie ein Meer, verflacht auch die Landschaft. Das Ufergeschehen hier wird weitgehend von Campingplätzen, Freizeit- und Shoppingparks bestimmt. Doch das ist zum Glück noch lange nicht alles.

❶ Bardolino

Der nach dem Ort benannte Rotwein hat Bardolino (7000 Einw.) international bekannt gemacht. Wochenmarkt: Do.

SEHENSWERT/MUSEUM

Ortszentrum ist die **Piazza Matteotti**, die direkt auf den Säulenvorbau der neoklassizistischen Kirche **San Nicolò e San Severo** zuläuft. Flaniert wird auch an der Uferpromenade **Lungolago Lenotti** mit verwittertem Turm aus der Scaligerzeit. Im Ortsteil Cisano informiert das **Museo dell' Olio** über regionales Olivenöl; mit Verkauf (Via Peschiera 54, Mo.–Sa. 9.00–12.30, 14.30 bis 19.00, So. 9.00–12.30 Uhr, www.museum.it/de).

ERLEBEN/VERANSTALTUNGEN

Der historische Lastensegler San Nicolò startet von Bardolino seine **Segeltörns** (über Europlan, Tel. +39 045 620 94 28, www.europlan.it). Anf. Okt. gibt es ein **Weinerntefest** mit Probierständen, Konzerten und Feuerwerk. Stehruderregatten mit der **Regatta delle Bisse** siehe www.legabissedelgarda.com

RESTAURANT/HOTEL

Die **€€€ Trattoria Da Nanni**, 10 Min. vom See entfernt, ist für ihre hausgemachten Gerichte bekannt (Via Gazzoli 1, Costermano, Tel. +39 045 720 00 80, www.dananni.com). Als erstes zertifiziertes Klimahotel des Sees verfügt das **€€€ Aqualux** über acht Thermalwasserpools samt eigener Kosmetiklinie aus Thermalwasser sowie exquisiter regionaler Küche im Restaurant Evo, in dem u.a. Olivenöl aus eigenen Plantagen verkostet wird (Via Europa Unita 24, Tel. +39 045 622 99 99, www.aqualuxhotel.com).

INFORMATION

Tourismusverband, Piazzale Aldo Moro 1, I-37011 Bardolino, Tel. +39 045 621 06 54, www.ababardolino.it

❷ Lazise

Eine fast ganz den Ort umgebende historische Stadtmauer macht den Reiz von Lazise (6900 Einw.) aus. Wochenmarkt: Mi.

SEHENSWERT

Neben der **Stadtmauer**, drei **Stadttoren**, einer sechstürmigen **Scaligerburg** (in Privatbesitz, 12. Jh.) und dem kleinen **Zollhaus** am

Hafen gehört die **Piazza Vittorio Emanuele** mit ihrem Schachbrettmuster-Pflaster zu den augenfälligsten Dorfplätzen am See.

RESTAURANT/HOTELS

In einem ehemaligen Gehöft werden in der **€ Osteria Valesana** Grillgerichte vom offenen Feuer sowie hausgemachte Polenta oder Bigoli und dazu Hauswein aufgetischt (Via San Martino 65, Valesana di Lazise, Tel. +39 0345 460 81 74, www.cortevalesana.it). Den ersten 5-Sterne-Komfort ans Ostufer bringt der 2019 eröffnete **€€€€ Quellenhof** (Via del Terminon 19, Tel. +39 0458 53 10 00, www.quellenhof-lazise.it/de) mit 2000 m² großem Wellnessbereich, Infinity-Skypool, Naturteich und zweistöckigen, 265 m² großen Penthouse-Villen mit Dachterrasse und Privatpool. Ebenfalls einen großen Spa hat das in einer an die Toskana erinnernden Landschaft gelegene **€€€ Principe di Lazise** (Località Le Greghe, Tel. +39 045 649 01 77, www.hotelprincipedilazise.com). Das **€/€€ Castello S. Antonio** ist ein bezauberndes terracottafarbenes Schlösschen (Via S. Antonio 6, Tel. +39 045 758 03 87, www.castello sanantonio.com/de/).

UMGEBUNG

Der Reiz der **Thermen von Colà** (südöstl.) liegt in zwei natürlichen Thermalseen mit 37 Grad heißem Wasser in einem 13 ha großen Park, in dem das Baden spät nachts am schönsten ist. Die angeschlossene **€€€€ Villa dei Cedri** dient Übernachtungsgästen (Piazza di Sopra 4, Tel. +39 045 759 09 88, www.villadeicedri.it/de/, So.–Fr. 9.30–23.00, Sa. bis 1.00 Uhr). Bei **Castelnuovo** (Via Derna 4, Tel. +39 045 644 97 77, www.gardaland.it) breitet sich Italiens größter

Freizeitpark auf einer Fläche von 33 ha mit verschiedenen Themendörfern, SeaLife, Movieland und Aquapark aus.

INFORMATION

Tourismusverband, Via Porto Vecchio 5. I-37017 Lazise, Tel. +39 045 755 08 10, www.tourismlazise.it

❸ Peschiera del Garda

Mächtige Verteidigungsanlagen und romantische Kanäle fast wie in Venedig prägen Peschiera (10 400 Einw.).

SEHENSWERT

Mit vielen Kanälen und Brücken mutet auch die Altstadt venezianisch an. Der Mincio ist der einzige Abfluss des Gardasees, weshalb Peschiera strategische Bedeutung hatte. Ein- und Ausgangstore sind die **Porta Verona** und die **Porta Brescia**. Das Ortszentrum liegt innerhalb einer mächtigen, schön bewachsenen Festung (16. Jh.).

ERLEBEN/VERANSTALTUNGEN

Romantisch ist die **Fahrt** in einer venezianischen **Gondel** durch die Kanäle (Buchung über das Tourismusamt). Die Sternschnuppennacht, **Notte di San Lorenzo** (10. Aug.), wird in ganz Italien gefeiert, in Peschiera mit Kulinarik, Musik und Feuerwerk.

UMGEBUNG

Valeggio sul Mincio TOPZIEL (südl.) ist nicht nur für seine „Liebesknoten" (siehe Tipp) bekannt, sondern auch für seine **Wassermühlen** und die prächtige **Scaligerburg** (13. Jh.) im

Mit einer großen Auswahl feiner Weine hat sich die Weinkellerei Zeni (seit 1870) mit Museum und Wein-Geruchsgalerie bei Bardolino einen guten Namen gemacht.

Tipp

Liebesgrüße aus Valeggio

Tortellini – Nudeltäschchen – machte man seit jeher vor allem in der Emilia Romagna; dort werden sie mit einer Schweinefleischfarce gefüllt. In Valeggio gibt es aber mehr Hühner und Rinder als Schweine, deshalb kam man auf die Idee, besonders kleine Teigtäschchen zu formen, sie mit einer Mischung aus Hühner- und Rindfleisch zu füllen und entweder in einer Hühner-Rindfleischbrühe zu servieren oder in Salbeibutter geschwenkt. Gegessen wurden diese **Tortellini di Valeggio** über die Jahrhunderte hinweg, berühmt aber wurden sie erst, als man eine Legende um eine Nymphe erfand, in der ein zum Knoten gebundenes Tüchlein eine Rolle spielt. An diese sollen die fortan „Liebesknoten" genannten Tortellini genauso erinnern wie das ihnen gewidmete, jeden 3. Di. im Juni auf der Viscontibrücke in Valeggio sul Mincio gefeierte „Fest der Liebesknoten", die **Festa del Nodo d'Amore**. Genau genommen sind die „Liebesgrüße aus Valeggio" aber auch schon für sich ein kulinarisches Fest – und in vielen Restaurants der Stadt zu genießen.

www.ristorantivaleggio.it

Park Sigurtà. Letzterer befindet sich zwar in Privatbesitz, ist aber öffentlich zugänglich.

INFORMATION
Tourismusverband, Piazzale Betteloni 15, I-37019 Peschiera, Tel. +39 045 755 08 10, www.tourismpeschiera.it/en

④ Sirmione

Das Ortszentrum von Sirmione (8200 Einw.), am Ende einer lang gestreckten Halbinsel gelegen, ist für den Autoverkehr gesperrt. Es führt nur ein schmales Tor ins Gewirr der Altstadtgassen, weshalb es im Hochsommer richtig eng wird. Wochenmarkt (in Colombare di Sirmione): Mo.

SEHENSWERT
Die **Wasserburg** (13. Jh.) ist ein mit Wehrgängen und Zugbrücken ausgeklügeltes Verteidigungssystem sowie eine der größten und schönsten Scaliger-Anlagen am See (April bis Sept. tgl. 9.00–19.00, Okt.–März Di.–So. 9.00 bis 16.00 Uhr). Die sog. **Grotten des Catull** (April–Sept. Di.–Sa. 8.30–17.30, So. bis 14.00, Okt.–März 8.30–19.30, So. 9.30–18.30 Uhr) an der Spitze der Halbinsel waren nachweislich nicht der Wohnsitz des Dichters Catull, was die Bedeutung der weitläufigen Ruinenanlage aber keineswegs schmälert.

RESTAURANT/HOTELS
Die €€€ **Trattoria la Fiasca** (Via S. Maria Maggiore 11, Tel. +39 030 990 61 11, www.trattoria lafiasca.it) in den Burggemäuern bietet traditionelle Küche ohne Schnickschnack. In einer Parkoase über dem See und mit breitem Privatsteg zählt die €€€ **Villa Cortine** zu den herrschaftlichsten Häusern (Via Grotte 6, Tel. +39 030 990 58 90, www.palacehotelvillacor tine.com). Günstiger wohnt man in der €/€€ **Villa Paradiso** (Via Arici 7, Tel. +39 030 91 61 49, www.villaparadisosirmione.com/de), einem B&B mitten in der Altstadt in einem ehemaligen Herrenhaus mit Olivenhain.

INFORMATION
Tourismusverband, Viale Guglielmo Marconi 2, I-25019 Sirmione, Tel. +39 030 91 61 14, www.visitgarda.com/de/Sirmione

⑤ Desenzano del Garda

Mit mehr als 28 000 Einwohnern ist Desenzano die größte Stadt am See. Wochenmarkt. Di.

SEHENSWERT
Zentrum ist die von einem antiken Bogengang umgebene **Piazza Malvezzi** am alten Hafen. Gegenüber befindet sich ein kleiner **Leuchtturm**, und in der **Via Scavi Romani** findet man die Überreste der antiken **Villa Romana** (3. Jh.).

ERLEBEN/EINKAUFEN
Ein romantisches Lichterspektakel findet zur **Notte d'Incanto**, der Nacht der Verzauberung am ital. Nationalfeiertag Ferragosto (15. Aug.)

Oben: Baden wie die alten Römer kann man – sogar mit Blick auf den See – im Thermalbad in Sirmione. Rechts oben: Das „Desiderius"- Kreuz (9. Jh.) gehört zu den bedeutendsten Exponaten im Museo di Santa Giulia in Brescia. Darunter: in Peschiera.

statt, wenn viele mit Kerzen bestückte Schiffchen auf den See hinausgeschickt werden.

UMGEBUNG
In **Solferino** (südl.) wird an die nach diesem Ort benannte Schlacht von 1859 und die Gründung des Roten Kreuzes durch Henry Dunant erinnert (www.solferinoesanmartino.it/de/, Okt.–Feb. 9.00–12.30, 14.00–17.30, März–Sept. 9.00–12.30, 14.30–19.00 Uhr).

INFORMATION
Tourismusverband, I-25015 Desenzano, Via Porto Vecchio 34, Tel. +39 030 999 13 51, www.desenzano4you.com

⑥ – ⑨ Zwischen Desenzano und Salò

Zwar liegen die Ortszentren ⑥ **Padenghe** (4500 Einw.), ⑦ **Moniga** (2500 Einw.), ⑧ **Manerba** (3500 Einw.) und ⑨ **San Felice** (3400 Einw.) nicht direkt am See, aber zu den Gemeinden gehören Ortsteile mit teils langen Kiesstränden, an deren Ufer es auch viele Campingplätze gibt.

SEHENSWERT/ERLEBEN/HOTEL
Wohnburgen, die im Inneren kleine Dörfer sind, gibt es in Moniga oder Padenghe, wo man sogar in einem B&B übernachten kann (€ **Il Castello**, Padenghe, Tel. +39 339 183 77 81, www.castellobb.net). Von der Halbinsel San Fermo und der Rocca di Manerba blickt man auf die Inseln **San Biagio** und **del Garda**, die man beide besuchen kann (DuMont-Thema S. 90 f.).

INFORMATION
www.comune.manerbadelgarda.bs.it
www.comune.padenghesulgarda.bs.it
www.comune.sanfelicedelbenaco.bs.it
www.gardavaltenesi.com

⑩ Brescia

Nur 30 km südwestl. gibt es in der lombardischen Provinzhauptstadt Brescia (196 600 Einw.) Weltkulturerbe zu bestaunen. An Sommerwochenenden ist die Stadt wie ausgestorben, dann sind die Brescianer am Lago.

SEHENSWERT/MUSEEN
Zum UNESCO-Welterbe gehört der Komplex des Benediktinerklosters San Salvatore (oder Santa Giulia, 753) und der Kirche San Salvatore, heute Sitz des **Stadtmuseums** (www.brescia musei.com, Di.–Fr. 9.00–17.00, Sa. 10.00–21.00, So. bis 18.00 Uhr) mit Meisterwerken wie dem edelsteingeschmückten Desiderius-Kreuz unter einem mit Sternen dekorierten mittelalterlichen Kreuzgewölbe. Vom Museumskomplex ist es nicht weit bis zum antiken **Forum Capitolium** (www. bresciamusei.com/capitolium. asp). Auf der **Piazza Paolo VI** stehen gleich zwei große Kathedralen: der barocke **Neue Dom** und daneben die Rotunde des **Alten Doms**. Die **Piazza della Loggia**, der schönste Platz der Stadt, zeugt von der Herrschaft Venedigs und wird vom prächtigen Renaissancegebäude der Loggia (1492) beherrscht. An der Ostseite des Platzes überragt ein im 16. Jh. nach venezianischem Vorbild errichteter Uhrturm, **Torre dell'Orologio**, die Arkadenreihen. Die **Pinakothek Tosio Martinengo** (www.bresciamusei.com/pinacoteca.asp) zeigt Werke bedeutender Renaissancemaler von Raffael über Lotto bis zu wichtigen Vertretern des 19. Jh.s. Der Saal des **Teatro Grande** (1772) glänzt im prunkvollem Theaterbaustil des 18. Jh. Über der Stadt thront auf einem Hügel das **Castello**. Die ehemalige Festung der Visconti beherbergt ein Waffen- und Renaissance-Museum (www.bresciamusei. com/castello.asp, Okt.–Mitte Juni Do. u. Fr. 9.00–16.00, Sa./So. 10.00–17.00, Mitte Juni bis Sept. Fr.–So. 11.00–19.00 Uhr).

VERANSTALTUNGEN
Brescia ist Start und Ende des Oldtimerrennens **Mille Miglia** (www.museomillemiglia.it/de).

RESTAURANT/HOTEL
€€ **La Sosta** (Via S. Martino della Battaglia 20, Tel. +39 030 29 56 03, www.lasosta.it) serviert Brescianer Spezialitäten in den Ställen des Palazzo Martinengo. Ein charmantes Boutiquehotel gleich hinter der Piazza Loggia ist das €€ **Albergo Orologio** (Via Cesare Beccaria 17, Tel. +39 030 375 54 11, www.albergoorologio.it).

UMGEBUNG
Einen Abstecher lohnt **Lonato** (16 000 Einw.), 4,5 km westl. vom See. Die Burg und die Casa del Podestà der Stiftung Ugo Da Como bewahrt eine kostbare Sammlung historischer Gemälde, antiker Möbel und eine Bibliothek mit über 50000 Büchern (Via Rocca 2, tgl. 10.00–12.00, 14.30–18.30 Uhr, www.fondazioneugodacomo.it).

INFORMATION
Via Luigi Einaudi 23, I-25121 Brescia, Tel. +39 030 372 54 03, www.bresciatourism.it/de/

Genießen   Erleben   Erfahren

DuMont
Aktiv

Die Seerunde

Mit Wind im Haar und Sonnenbrille auf der Nase kann der Urlaub endlich beginnen. Aber nicht etwa im Cabrio, denn für eine Lago-Runde herrscht auf der einzigen Verbindungsstraße, der Gardesana, zur Hochsaison stets akute Staugefahr. Warum also nicht einmal auf Linienboote umsteigen, um sich gemütlich um den See fahren zu lassen? Schließlich eröffnet das so manch neuen Blickwinkel.

Denn während man von der Straße aus oft nur die nüchtern-graue Rückfassade eines privaten Palazzos erblickt, öffnet sich zum See hin mit Terrassen, Loggias und Gärten seine ganze Fassadenpracht. Schließlich wollen auch die Bewohner etwas vom See haben und sitzen hier quasi auf dem Präsentierteller. So fährt man vorbei an der Schauseite der exklusiven Villa Feltrinelli, erlebt den schönen kleinen Hafen San Vigilio mit der Sirenenbucht vom Wasser aus und weiß, sobald man die steile Felswand unterhalb von Pieve passiert, warum es hier eine Schauderterrasse gibt.

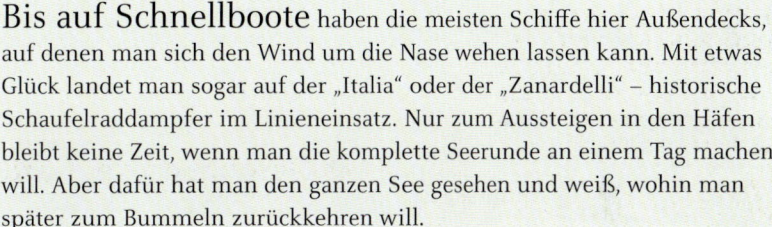

Bis auf Schnellboote haben die meisten Schiffe hier Außendecks, auf denen man sich den Wind um die Nase wehen lassen kann. Mit etwas Glück landet man sogar auf der „Italia" oder der „Zanardelli" – historische Schaufelraddampfer im Linieneinsatz. Nur zum Aussteigen in den Häfen bleibt keine Zeit, wenn man die komplette Seerunde an einem Tag machen will. Aber dafür hat man den ganzen See gesehen und weiß, wohin man später zum Bummeln zurückkehren will.

Weitere Informationen

Eine komplette Seerunde (ca. 110 km) ist von jedem größeren Ort aus möglich, sie muss nur wegen der Umsteiger vorher gut geplant sein. Ohne Stadtbesichtigungen ist mit ca. 10 Std. zu rechnen. Ein Tagesticket kostet 34,30 Euro. Die schnellste Direktverbindung von Riva nach Peschiera, also die längstmögliche Strecke auf dem See, dauert in einem Schnellboot keine 3 Std. und kostet einfach 20,40 €. Fahrpläne gibt es an den Kassenhäuschen der Häfen sowie unter:

www.navigazionelaghi.it

Drama, Baby, Drama!

Wem als Stadt der Liebe nur Paris einfällt, der war noch nie in Verona. Hier hat Shakespeare die tragische Liebesgeschichte von Romeo und Julia, dem größten Liebespaar der Literaturgeschichte, angesiedelt. Und natürlich geht es auch in den Opernaufführungen der legendären Arena di Verona um nichts Geringeres als um Liebe, Eifersucht, Macht und Tod.

In lauen Sommernächten dringen himmlische Gesänge über die antiken Mauern des Amphitheaters: Sirenengleich locken sie den Besucher in unvergessliche Opernnächte.

„Liston" wird die Flaniermeile der Stadt gleich neben der Arena an der West-seite der Piazza Bra, auch genannt.

„Auf dem Platze La Bra spaziert, sobald es dunkel wird, die schöne Welt von Verona …".

Heinrich Heine, „Reisebilder", 1828

Ganz plötzlich ist es mucksmäus-chenstill. Mehr als 8000 Menschen schweigen, sobald zur blauen Stunde die Scheinwerfer in der Arena di Verona ausgehen. In aller Stille zünden nun die Zuschauer auf den Rängen kleine Kerzen an, die an den Eingängen für jede Aufführung gratis verteilt werden: Das ist ein magischer Brauch, mit dem bis heute an die ersten Aufführungen erin-nert wird, als es noch keine Elektrizität gab: Damals half noch das Kerzenlicht dem Publikum beim Mitlesen der Li-bretti, um dem Geschehen auf der Bühne folgen zu können. Heute ist das warme Licht der Kerzen schnell erloschen, und bald danach sieht man nur noch den kühlen Schein der vielen Handys in der Dunkelheit leuchten.

Die Arena di Verona ist eines der größ-ten Amphitheater der Römerzeit. Wo vor rund 2000 Jahren noch Gladiatoren um ihr Leben kämpften, werden seit 1913 Opernarien gesungen. Die akustisch bes-ten Plätze sind übrigens zugleich die preisgünstigsten – sie liegen ganz oben auf den Steintreppen, wo man einge-pfercht zwischen den italienischen Groß-familien sitzt, die früher sogar ihr Pick-nick mitbrachten (heute ist das hier aus Sicherheitsgründen untersagt). Hier oben streifte im Jahr 1786 schon Goethe ein-sam herum und schwärmte von „der schönsten Aussicht … über Stadt und Ge-gend". Und bis heute verwandelt sich die Piazza Bra im Anschluss an die oft erst nach Mitternacht endenden Vorstellun-gen in einen Boulevard, auf dem die Be-sucher noch lange flanieren oder in den Straßencafés sitzen und plaudern.

Oper für alle

Atmosphäre ist in Verona alles, die Oper für manche eher eine Nebensache – wenn auch eine sehr unterhaltsame. Arena-Be-sucher werden Teil einer kollektiven In-szenierung, die auch und gerade das hier besonders gern spontan mitgehende – und begeistert mitsingende – Publikum umfasst. Zwar sind die wilden Zeiten längst vorbei, als hier schon auch mal Sitzkissen auf die Bühne flogen, wenn der Tenor seinen Einsatz verpasste. Aber noch immer bildet das Triumvirat aus Musik, Gesang und dem weiten Sternen-himmel hoch über der Arena ein unver-gleichliches Gemisch – genau richtig für Opern, in denen es ja auch um nichts Geringeres geht als um Liebe, Eifersucht, Macht und Tod.

Wenn dem Tenor die Hose platzt

Gut 300 Menschen stehen dabei biswei-len gleichzeitig auf der Bühne. Da hat Silvia Bonetti, die Chefin des Kostüm-Departments, hinter den Kulissen in den

Verdis Oper „Aida" ist mit ihren grandiosen, das alte Memphis und Theben zur Zeit der Pharaonenherrschaft darstellenden Bühnenaufbauten ein ideales Spektakel für den großzügigen Rahmen der Arena di Verona. Uraufgeführt wurde das Werk im Jahr 1871 in Kairo, doch der Komponist blieb der Aufführung fern, weil er, wie er in einem Brief an einen Freund schrieb, „fürchten müsste, dort mumifiziert zu werden".

Vor und hinter den Kulissen bereiten sich Komparsen wie andere Mitarbeiter (links Silvia Bonetti, die Leiterin der Kostümabteilung) auf einen großen Auftritt vor: Zuletzt sahen im Jahr 2018 insgesamt 393 000 Zuschauer die 47 Vorstellungen der von Mitte Juni bis Anfang September stattfindenden Opernfestspiele in der Arena di Verona.

Unterwegs von der Piazza Bra in die zur Piazza delle Erbe führende Via Giuseppe Mazzini, die größte Fußgängerzone und Einkaufsmeile der Stadt.

Vom Castelvecchio zum
anderen Ufer der Etsch führt
der Ponte Scaligero.

Auf der Piazza Dante erinnert eine Statue an den
Dichter der „Göttlichen Komödie".

Den Brunnen auf der Piazza delle Erbe schmückt eine wohl aus dem antiken Kapitol stammende römische Statue (Kopf und Arme wurden ergänzt).

Ebenfalls auf dem zentralen Marktplatz Piazza delle Erbe zieren bunte Fresken die Casa dei Mazzanti.

Special

Veronas Herrscher

Die Herren von der Leiter

Als erfolgreiches „Branding" würde man heute wohl das bezeichnen, was die Machthaber Veronas einst an Bauten am ganzen Gardasee schufen. Denn jeder erkennt die trutzigen Scaligerburgen von Sirmione, Torri del Benaco, Malcesine oder Verona an ihren auffälligen Schwalbenschwanzzinnen. Auffällig ist auch das Symbol ihrer Macht, das ihr Wappen in Form einer Leiter ziert, abgeleitet von ihrem Namen „della Scala": die Herren von der Leiter.

Auf dem Höhepunkt ihrer Macht gehörten u.a. Brescia, Lucca, Padua, Parma und das Gebiet rund um den Gardasee zu ihrem Herrschaftsgebiet. Hauptwohnsitz blieb während ihrer gesamten Herrschaftszeit in den Jahren 1260 bis 1387 Verona, wo sie die Schutzburg Castelvecchio mit einer eigenen Fluchtbrücke über die Etsch, den Ponte Scaligero, errichteten.

Die Scaliger waren so mächtig wie kriegerisch und schreckten auch vor

Pracht, post mortem: die Scaligergräber.

Mord nicht zurück. So fand die Universität Pisa durch eine Obduktion der Mumie von Cangrande I. della Scala heraus, dass er mit dem Gift der Fingerhutpflanze ermordet worden ist. Selbst ihre Grablegen mit großen Reiterstandbildern haben die einstigen Herrscher noch mitten ins Herz der Stadt gepflanzt: unverkennbar umzäunt von Gittern mit dem Leitersymbol.

Katakombengängen der Arena alle Hände voll zu tun. Sie kennt jeden handwerklichen Trick, mit dem man historische Kostüme dem jeweiligen Träger anpasst, ohne dass dabei Stoff zerschnitten wird. Für einen dicken Tenor, dem die Hose seiner Militäruniform platzte, sobald er sich beherzt aufs Pferd schwang, gab es fortan nur mehr Unterhosen in Tarnfarben, erzählt die Kostümbildnerin. Doch als die silbern glänzenden Kostüme des Aida-Balletts falsch gereinigt wurden und daraufhin rabenschwarz waren, half nur mehr eine Nachtschicht, um alle 20 Teile neu zu nähen.

Dabei ist auch das Geschehen im Rampenlicht der Bühne nicht ohne Tücken. Michele Olcese, Leiter der Bühnenausstattung, kennt die gesangliche Herausforderung, die gerade in der riesigen Arena auf die Interpreten wartet, die hier alle anders als in den meisten anderen Freiluftveranstaltungen unverstärkt singen. Das geht nur dank der grandiosen Akustik in der römischen Arena, die aber auch ihre Tücken hat: „Die besondere Architektur bewirkt eine große Distanz zwischen Orchester und Bühne. Obendrein wird durch die Trichterform des Amphitheaters die Stimme tausendfach zurückgeworfen, und das Hörerlebnis ist auf jedem Platz ein anderes", sagt Olcese, der gut verstehen kann, dass da so man-

„Willst du schon gehn? Der Tag ist ja noch fern. / Es war die Nachtigall und nicht die Lerche, die eben jetzt dein banges Ohr durchdrang."

Heiße Liebesschwüre in Verona? – Wo sonst wären diese besser an einer Wand verewigt, als hier bei der Casa di Giulietta?

chen Solisten das Lampenfieber plagt. Allerdings widmen die großen Feuilletons einer Arena-Aufführung ohnehin nur selten eine ausführliche Besprechung. Die entscheidende Frage ist demnach auch nicht, ob Turandot oder Aida gegeben wird. Weil die Opernsaison gerade mal zwei bis drei Sommermonate währt, fragen sich die Veranstalter jeden Tag vor allem eines: Wird es regnen? Schließlich verfügt das historische Amphitheater über keine Überdachung, und wegen des Denkmalschutzes soll das auch so bleiben.

Stoßgebete (nicht nur) zum Wettergott

Ums Überleben geht es inzwischen nicht nur in manchem Bühnenstück, sondern auch im richtigen Leben. Denn die Arena muss sparen. Sinkende staatliche Unterstützung, hohe Personalkosten und keine gewinnbringende Winternutzung des Theaters gelten als die Hauptgründe der Misere. Cecilia Gasdia, die selbst als Opernsängerin schon auf der Bühne stand, soll es nun als Intendantin und künstlerische Leiterin richten: „Wir wollen nicht nur überleben, sondern wieder stark und bedeutend werden", sagt sie und hofft verstärkt auch auf Sponsoren aus dem privatwirtschaftlichen Umfeld Veronas, schließlich ist die Arena ja die wichtigste Attraktion der Stadt – jenseits von „Romeo und Julia", versteht sich.

Die göttliche Diva

Legendäre Weltstars wie Luciano Pavarotti, Plácido Domingo und Maria Callas sind hier schon aufgetreten – aber auch aktuelle Größen wie 2019 Anna Netrebko in Verdis „Il trovatore". Die Callas gab 1947, mit Anfang zwanzig, ihr Debüt in der Arena und wurde dann schnell weltberühmt. Ihr Vortrag war von einer solchen Intensität, dass sie ihre Rollen bis in die tiefsten Winkel der Seele erfühlen konnte. Nur jenseits der Bühnen war ihr kein Glück beschieden: „Kein Kind, keine Familie, kein einziger Freund", schrieb sie kurz vor ihrem Tod verzweifelt in einem Brief, als auch ihre göttliche Stimme längst überstrapaziert und zersungen war. Da war sie noch keine 54. Welch Tragik im Leben wie in der Kunst.

L'amore et la morte

Ohnehin scheinen sich in Verona Realität und Fiktion gern zu vermischen. Wer sich etwa auf die Spuren von „Romeo und Julia" begibt, wird die (schnöde) Wirklichkeit gern vergessen, um sich dem (süßen) Traum hinzugeben ...

Die Liebe und der Tod – im Italienischen sind sie ein Reimpaar: L'amore et la morte. Beide hat William Shakespeare in der wohl bekanntesten Liebesgeschichte der Weltliteratur auf ewig vereint: Romeo und Julia. Jedes Jahr pilgern

Millionen von Besuchern nach Verona, nur um jene norditalienische Stadt zu sehen, in der sich die tragische Geschichte abgespielt haben soll.

Dabei kann man heute davon ausgehen, dass der Dichter selbst wohl nie in Verona war, sondern als Hauptquelle Arthur Brookes „The Tragicall Historye of Romeus and Iuliet" von 1562 benutzte.

Ob es die beiden wirklich gegeben hat? Wer weiß das schon. Letztlich geht es immer auch um die Inszenierung, und was Shakespeares Dichtung angeht, weiß man sie in Verona ganz vortrefflich zu inszenieren. So soll die literarische Julia in einem mittelalterlichen Haus mit großem Innenhof in der Via Capello 23 gelebt und auf einem Balkon auf ihren Romeo gewartet haben. Da posen nun die Nachwuchs-Julias und üben den romantischen Augenaufschlag fürs Erinnerungsfoto. Dass der Balkon noch nicht einmal ein Balkon ist – wen kümmert's?

Ein Sarkophag ist (k)ein Sarkophag

Wenn es darum ging, historisch nicht verbrieften Orten mit einer großartigen Inszenierung den gewünschten Effekt zu verleihen, zeigte sich der ehemalige Direktor der Veroneser Museen, Antonio Avena, außerordentlich erfinderisch. Zu Beginn des 20. Jahrhunderts ließ er aus seinem Museumsfundus einen Sarko-

Der Dom Santa Maria Matricolare präsentiert sich als mächtiger romanischer Außenbau mit gotischem Innenleben.

Nachdem man den Dom durch das Seitenportal der Südseite betreten hat, öffnen die mächtigen Bündelpfeiler der Arkaden das Mittelschiff zu zwei fast gleich hohen Seitenschiffen.

Das romanische Taufbecken in der Chiesa Giovanni in Fonte wurde aus einem einzigen rosafarbenen Marmormonolith geschaffen.

Als „Krone der lombardischen Romanik" rühmen Kunsthistoriker die Basilika San Zeno Maggiore, hier im Blick auf die Westfassade, den Campanile (rechts) und den Wehrturm (Torre di San Zeno).

Oben: Detail der Bronzetüren von San Zeno Maggiore. Rechts: Ein erster Vorläuferbau der Basilika wurde bereits im 5. Jahrhundert über dem Grab des Stadtheiligen San Zeno errichtet, dessen Gebeine bis heute in der Krypta ruhen.

Ein Juwel italienischer Gartenbaukunst und eine an heißen Sommertagen angenehm schattenspendende Oase ist der am anderen Ufer der Etsch, außerhalb der dicht gedrängten Altstadt von Verona gelegene Giardino Giusti.

phag zum Balkon umfunktionieren, um aus jenem Haus, welches man Julias Familie zuschrieb, eine Touristenattraktion zu machen. Die Ironie der Geschichte will es nun, dass Julias legendäre Balkonszene und ihr Hinaustreten mit den Worten „Wehe mir!" hier gleichsam zum ersten Schritt ins Grab wird.

Aber mit solch schwermütiger Symbolik will man die heutigen Jungverliebten hier gar nicht erst belasten. Es reicht schon, dass die Wände im Toreingang des Anwesens unter der Last der vielen Liebeswünsche mit Namen und Herzen schier zusammenbrechen und ein Club von Julia-Sekretärinnen quasi stellvertretend jedes Jahr rund 50 000 Bittbriefe in

Herzensangelegenheiten erhält, von denen die meisten sogar mit klugen Ratschlägen beantwortet werden.

Julia ohne Romeo
Um der Legende noch ein wenig mehr Optik zu verleihen, hat man im Innenhof eine Julia-Statue aufgestellt. Julia sieht traurig aus. Gewiss, sie ist ohne ihren Romeo. Aber vielleicht ist sie auch die vielen Touristen leid, die ihr unentwegt an die Brust grapschen: Männer wie Frauen. Die einen beherzt, die anderen etwas geniert. Denn aus einem unerfindlichen (oder, genauer: vermutlich gut erfundenen) Grund soll das Betatschen Liebesglück verheißen.

Die Legende lebt
Aufgeregt bugsiert ein Typ mit Baseballkappe seine Freundin aufs Podest neben die Figur und dirigiert ihre Posen: „Drama, Baby, Drama!" Worauf ein Blondchen in knappen Hotpants und Tankshirt geschwind die Sonnenbrille lupft und die Lippen zum Kussmund spitzt. Fotoapparate klicken, Handykameras werden draufgehalten. Paarwechsel im Minutentakt. Von Romantik keine Spur. Egal, denn Verona ist es schon immer gelungen, die ganze Bandbreite der Gefühle auf seine Bühne zu bringen: von himmelhoch jauchzend bis zu Tode betrübt. Und der Applaus des Publikums ist der Stadt gewiss. Immer wieder.

Beste Winzer mit
regionaltypischen Weinsorten

Heimatgewächse

Bastumwundene Weinflaschen gibt es am Lago nur noch zur Dekoration von Pizzerien. Längst ist die Provinz Verona einer der größten DOC-Trauben-produzenten Italiens, aber auch in anderen Regionen rund um den Gardasee stehen einheimische Weine an erster Stelle: Nosiola, Marzemino, Gropello, Chiaretto, Lugana, Bardolino, Valpolicella, Ripasso und Amarone.

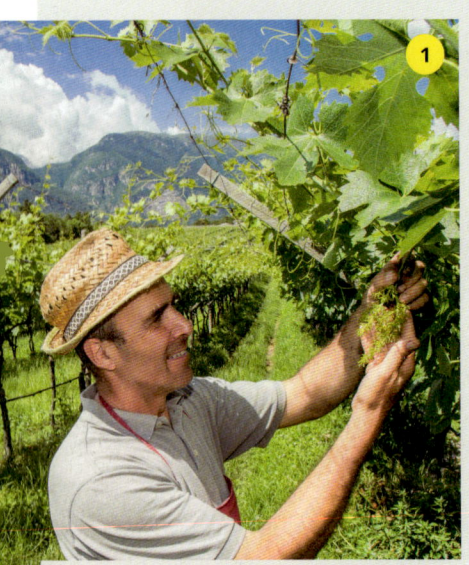

Im Norden

WEINSORTEN
Weißwein: Nosiola
Anbaugebiet: Valle dei Laghi (von Arco bis Trient)
Geschmack: würzig trocken, mit einer Note von Haselnuss
Farbe: goldgelb bis leicht grünlich

Rotwein: Marzemino
Anbaugebiet: Vallagarina (zw. nördl. Gardasee und Trient)
Geschmack: charaktervoll, fruchtbetont, harmonisch samtig
Farbe: fast violettrot

WEINGÜTER
1 Pisoni
Die Bioweinbauern Pisoni haben sich mit ihrer Wein-

kellerei auf Nosiola spezia-lisiert und sind auch ein Mitglied der Slow-Food-Bewegung.
Via San Siro 7/B Pergolese di Lasino, I-38070 Sarche, Tel. +39 0461 56 32 16, www.pisonivini.it/en

2 Armando Simoncelli
Bereits vor 200 Jahren kulti-vierte die Familienkellerei Simoncelli Weinberge in der Vallagarina, wo sie hauptsächlich Marzemino in seiner ursprünglichen Form produzieren.
Localitá Navesel 7, I-38068 Rovereto, Tel. +39 0464 43 23 73, www.simoncelli.it/ Azienda.htm

Im Südwesten

WEINSORTEN
Rotwein: Groppello
Anbaugebiet: Valtènesi zw. Desenzano und Salò
Geschmack: erdig, voll-mundig herb; erreicht sein volles Aroma erst durch Lagerung
Farbe: tiefrot

Rosé: Chiaretto
Anbaugebiet: Valtènesi zw. Desenzano und Salò
Geschmack: frisch, aroma-tisch nach weißen Blüten
Farbe: rosé

WEINGÜTER
3 Zuliani
Seit dem Jahr 1588 machen die Zulianis schon Wein – inzwischen mehrfach aus-gezeichnet: Besten Grop-pello und spritzigen Chia-retto führt die über 80-jäh-

rige Besitzerin Eleonora Zuliani bei einer Kellereibe-sichtigung vor.
Via Tito Speri 28, I-25080 Padenghe, Tel. +39 030 990 70 26, www.vinizuliani.it

4 Costaripa
Von still bis spritzig setzt der Besitzer des Weingutes Mattia Vezzola vor allem auf Chiaretto. Auch der mo-derne Verkaufsraum ist ganz in Rot gehalten. Pro-duziert werden aber auch Bellavista-Weine um den Iseosee, wo in der Francia-corta-Region sehr gute Rot-weine und Sekt auf Cham-pagner-Niveau hergestellt werden.
Via della Costa 1a, I-25080 Moniga, Tel. +39 0365 50 20 10, www.costaripa.it/de

Im Süden

WEINSORTE
Weißwein: Lugana
Anbaugebiet: südl. von Sirmione zw. Desenzano und Peschiera
Geschmack: frisch, leicht und zart
Farbe: blass grünlich-gelb

WEINGUT
5 Cà dei Frati
Die Familie dal Cero keltert seit mehr als 80 Jahren Lu-gana-Weine im ehemaligen namensgebenden Kloster in Sirmione, „Cà dei Frati" - Haus der Brüder. Die Win-zer haben den Lugana in-ternational bekannt ge-macht und etablierten sich als Edel-Lugana-Produzent vom See.
Via Frati, 22, I-25019 Lugana di Sirmione, Tel. +39 030 91 94 68, www.cadeifrati.it/de/

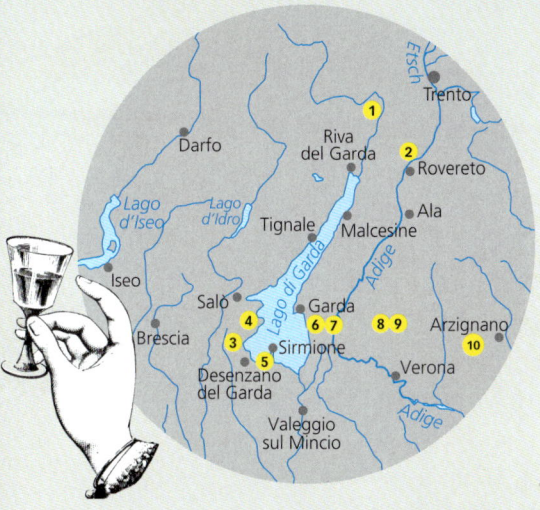

Im Südosten

WEINSORTE
Rotwein: Bardolino
Anbaugebiet: von Torri del Benaco u. Valeggio sul Mincio bis an die Etsch
Geschmack: leicht fruchtig trocken
Farbe: rubin- bis granatrot

WEINGUT
6 Zeni
Das Weinmuseum des Guts verfügt sogar über eine Geruchsgalerie, in der man die verschiedenen Geschmäcker erriechen kann. Schon der Barriquekeller, in dem Weinverkostungen stattfinden, ist eine wahre Augenweide.
Via Costabella, 9 - I-37011 Bardolino, Tel. +39 045 721 00 22, www.zeni.it/de

7 Guerrieri Rizzardi
Das historische Weinunternehmen entstand aus dem Zusammenschluss zweier Veroneser Adelsfamilien mit Weinbergen in Bardolino und in Negrar im Valpolicella-Gebiet, wo die schönen Gärten von Pojega mit Landgut, Tempel, Theater und einem Belvedere liegen. Dank des weitreichenden Gebiets wird auch eine große Vielfalt an Gardasee-Weinen geboten.
Strada Campazzi 2, I-37011 Bardolino, Tel. +39 045 721 00 28, www.guerrieri-rizzardi.it Via Villa Rizzardi, 10, 37024 Negrar, Tel. +39 045 721 00 28, www.pojega.it

Nördlich von Verona

WEINSORTEN
Rotweine: Valpolicella, Ripasso, Amarone
Anbaugebiet: Valpolicella
Geschmack: fruchtig delikat (Valpolicella), voll, samtig warm (Ripasso, Amarone)
Farbe: rot bis tief granatrot

WEINGÜTER
8 Quintarelli
Gegen Quintarellis Amarone wirkten angeblich selbst Barolos oder Sassicaia wie einfache Landweine. Bis zu 10 Jahre lang reifen die limitierten Kostbarkeiten, bei denen Etiketten handgeschrieben werden. Wo Wein als Philosophie betrieben wird, muss man allerdings auch bereit sein, 300 Euro und mehr für eine Flasche auszugeben.
Via Cerè 1, I-37024 Negrar, Tel. +39 045 750 00 16

9 G.B. Bertani
In Grezzana liegen rund um die auch in ihrem Inneren sehenswerte Villa Novare die historischen Weinberge der Bertanis. 1958 ging hier einer der ersten Amarone in Produktion. Wer einen Qualitäts-Amarone sucht, findet hier größte Vielfalt.
Via Asiago 1, I-37023 Grezzana, Tel. +39 045 865 84 44, www.bertani.net/en

10 Romano Dal Forno
Die Traditionskellerei gilt als Kathedrale der Rotweinbereitung, in der mit technisch ausgetüftelten Methoden gearbeitet wird: Produktion unter Sauerstoffabschluss und eine ganze Armada aufgestellter Ventilatoren. Das Ergebnis sind Kultweine, die sich nur mit den Amarone von Quintarelli messen lassen müssen, behaupten Kenner.
Località Lodoletta 1, I-37031 Cellore d'Illasi, Tel. +39 045 783 49 23, www.dalfornoromano.it

Bühne frei!

Verona präsentiert sich gern als öffentliches Theater, denn das Volk liebt Tragödien: von den Gladiatorenkämpfen der Römer und Hinrichtungen bei den Scaligern über das weltbekannteste Liebespaar Romeo und Julia bis zu den großen Opern in der Arena heute. Darüber hinaus gehört Veronas Altstadt zum Welterbe der UNESCO, und zu sehen gibt es für Besucher eine ganze Menge!

1 – 16 Verona

Nicht weit, nachdem die Etsch am Ausgang des wichtigsten Alpenübergangs der Geschichte ihr Gebirgstal verlässt, bildet sie eine große Schleife: An drei Seiten vom Fluss geschützt, entstand hier schon mehrere Jahrhunderte v. Chr. eine größere Siedlung der Räter und Euganeer, die später vom gallischen Stamm der Cenomanen erobert, ab 89 v. Chr. eine römische Kolonie wurde und um 49 v. Chr. römische Bürgerrechte erhielt. Weite Teile des historischen Zentrums sind heute autofrei, die Zufahrt ist mit strengen Anfahrtszeiten geregelt.

SEHENSWERT

Berühmtestes Bauwerk der Stadt ist die um das Jahr 30 für Gladiatoren- und andere Wettkämpfe erbaute 1 **Arena di Verona** TOPZIEL. Nach dem Kolosseum und der Arena von Capua ist dies das drittgrößte erhaltene antike Amphitheater. Besichtigung: Di.–So. 8.30 bis 19.30, Mo. 14.30–19.30, Juni–Sept. Mo. auch ab 8.30 Uhr. Karten für Opernaufführungen: Tel. +39 045 800 51 51, www.arena.it/de. Außer zu Premieren sind abends meist auch noch Karten an der Theaterkasse direkt an der Arena erhältlich. Tipp: Wer nach der Opernaufführung spät nachts noch zurück in sein Hotel am Gardasee will und am Ostufer wohnt, profitiert vom Opernbus, der während der Spielsaison von Verona bis Malcesine fährt (Fahrkarte: 10 Euro, Abfahrt 30 Min. nach Aufführungsende von der Piazza Cittadella, www.atv.verona.it). Die 2 **Piazza Bra** gilt als Flaniermeile mit prächtigen Häusern, wo man nach Opernaufführungen noch bis spät nachts in den Restaurants und Bars draußen sitzen kann. Es gibt einen kleinen Park und gegenüber den 3 **Palazzo Barbieri**, das an einen römischen Tempel erinnernde Rathaus. Sieben Brücken führen auf die andere Uferseite der Etsch (ital. *Adige*). Über die einst nur den Scaligern vorbehaltene **Ponte Scaligero** erreicht man das 4 **Castelvecchio**, die Burg aus dem 14. Jh. Von hier lohnt ein Abstecher zur Basilika 5 **San Zeno Maggiore** (12. Jh.), der Grablege des hl. Zenon von Verona, dessen Gebeine in der Krypta in einem Glassarg zu sehen sind. Die Stadttore **Arco dei Gavi** und **Porta Borsari** aus römischer Zeit passierend, stößt man über den **Corso Porta Borsari** auf die 6 **Piazza delle Erbe**,

das einstige Forum Romanum, das heute beherrscht wird von Marktständen mit Obst, Gemüse und allerlei Souvenirs. Sehenswert sind hier der **Palazzo Maffei** mit der **Fontana di Madonna Verona**. Den schönsten Blick auf diesen Platz und das Häusermeer Veronas bekommt man vom 84 m hohen **Torre dei Lamberti** (tgl. 9.00–19.00 Uhr). Ein Durchgang führt nicht weit vom Turm zur 7 **Piazza dei Signori** mit einem Denkmal des Dichters Dante Alighieri und dem **Palazzo del Comune**: An dessen Fassade ist eine Maske angebracht, deren geöffneter Mund früher als „Briefkasten" für anonyme Denunziationen verwendet wurde. Unter einem momumentalen Baldachingrab, den 8 **Arche Scaligere**, liegen die sterblichen Überreste des mächtigsten Scaliger-Herrschers, des im Jahr 1329 ermordeten Cangrande I. della Scala. Am Gitter erkennt man das Abzeichen der Familie, die Leiter (ital. *la Scala*). An der 9 **Casa di Giulietta** (Via Cappello 23, Di.–So. 8.30–19.30, Mo. 13.30–19.30 Uhr) mit dem berühmten Balkon, der ursprünglich mal ein Sarkophag war, kann man eine Tour auf den Spuren Romeos und Julias beginnen (siehe DuMont Aktiv, S. 113). Die 10 **Casa di Romeo** (Via Arche Scaligere 2) in einem mächtigen Backsteinhaus mit Turm ist

nur von außen zu sehen, da in Privatbesitz. Wie für den „Balkon" an der Casa di Giulietta wurde auch für ihr vermeintliches Grab, die in der Krypta eines ehemaligen Klosters untergebrachte 16 **Tomba di Giulietta** (Via Luigi da Porto 5, Di.–So. 8.30–19.30, Mo. ab 13.30 Uhr) ein leerer Sarkophag verwendet. Der 11 **Dom Santa Maria Matricolare** wurde im Jahr 1187 geweiht. Kunstinteressierte bewundern das Portal des berühmten Maestro Nicolò sowie im Inneren vor allem Tizians Altargemälde „Himmelfahrt Mariä" (März–Okt. 10.00–17.30, So. 13.30–18.00 Uhr). Westlich vom Dom befindet sich die **Biblioteca Capitolare**, die aus einer bereits im frühen 5. Jh. gegründeten Schreibschule für Kleriker der Hauptkirche von Verona hervorging und über unermesslich wertvolle Schätze an Manuskripten, Pergamenten und Inkunabeln verfügt (Piazza Duomo 13, Tel. +39 045 853 80 71, www.bibliotecacapitolare.it,

Großes Spektakel: die Opernfestspiele in Verona. Tagsüber bleibt genügend Zeit zum Shopping, und abends sitzt man dann stimmungsvoll an einem der vielen Tische im Freien.

Mo.–Fr. 9.30–12.30 Uhr). Wegen ihrer gewaltigen Ausmaße oft mit dem Dom verwechselt wird die ⑫ **Basilica di Santa Anastasia**, ein gotischer Backsteinbau mit schlankem Terrakottaturm, in der das Berühren buckliger, Weihwasserbecken tragender Skulpturen Glück bringen soll (März–Okt. 9.00–18.00, So. ab 13.00 Uhr). Überquert man die ⑬ **Ponte Pietra**, die ursprünglich bereits von den Römern um das Jahr 100 v. Chr. errichtete Brücke über die Etsch, erreicht man das ebenfalls aus dem 1. Jh. v. Chr. stammende ⑭ **Teatro Romano**, in dem im Sommer Theateraufführungen stattfinden. Darüber erhebt sich das ⑮ **Castel San Pietro**, Veronas schönster, auch mit einer Zahnradbahn (ital. *Funicolare*) erreichbarer Aussichtspunkt (April–Okt. 11.00–21.00, Nov.–März 10.30–16.30 Uhr).

MUSEEN
Das **Museo di Castelvecchio** (Website aller Museen in Verona: www.tourism.verona.it/de/) zeigt u.a. Werke von Tintoretto, Tiepolo sowie

Feinkost für Feinschmecker gibt's in der Antica Salumeria Albertini, Süßes für Naschkatzen in der für ihre Millefoglie berühmten Pasticceria Perbellini. Und danach strampelt man die Kalorien am besten gleich wieder ab (rechts bei der Ponte Pietra an der Etsch).

die Reiterstatue des Cangrande I. della Scala (Corso Castelvecchio 2, Di.–So. 8.30–19.30, Mo. ab 13.30 Uhr). Im **Museo Archeologico e Teatro Romano** sind Funde aus römischer Zeit zu sehen (Regaste Redentore 2, Di.–So. 8.30–19.30, Mo. ab 13.30 Uhr). Das **Museo Lapidario Maffeiano** ist ein archäologisches Museum, in dem meist die Eröffnungsfeier der Opernfestspiele stattfindet (Piazza Bra 28, Di.–So. 8.30 bis 14.00 Uhr). Das **Arena Museo Opera – AMO** (Palazzo Forti, Via Massalongo 7, Tel.+39 045 803 04 61, www.arenamuseopera.com, tgl. Mo. 14.30–19.30, Di.–So. 9.30–19.30 Uhr) zeigt historische Dokumente aus der reichen Operngeschichte der Stadt.

VERGÜNSTIGUNGEN
Mit der **VeronaCard** kann man verschiedene Sehenswürdigkeiten entweder gratis oder zum ermäßigten Preis besichtigen. Das lohnt sich schon deshalb, weil auch in vielen Kirchen Eintritt verlangt wird. Die Karte gilt auch in öffentl. Verkehrsmitteln und ist in ausgewählten Hotels, Museen und Sehenswürdigkeiten erhältlich; 24 Std. für 20 Euro, 48 Std. für 25 Euro, www.veronacard.it

EINKAUFEN
Die meistfrequentierte Einkaufsmeile ist die **Via Giuseppe Mazzini**, welche die Piazza delle Erbe mit der Piazza Bra verbindet. Schlösser in Form roter Herzen gibt es in allen Souvenirshops zu kaufen, aber anstatt damit die Brücken zu behängen, finden sie als Reisetaschenschloss eine bessere Verwendung. In der **Pasticceria de Rossi** gibt es „Baci di Giulietta e Romeo", Julia-und Romeo-Küsschen aus Marzipan mit Zuckerguss (Corso Porta Borsari 3, www.derossi.it/it/).

RESTAURANTS
Im 2-Sterne Restaurant €€€€ **Casa Perbellini** (Piazza San Zeno 16, Tel. +39 045 878 08 60, www.casaperbellini.com) isst man wie am Laufsteg. Speisekarte gibt es keine. Der Gast wählt die Zutaten, aus denen Giancarlo Perbellini und sein Team dann die Speisen so zubereiten, dass man an einer durch den ganzen Raum reichenden Theke sitzend dabei zusehen

kann. Über die Grenzen Veronas hinaus bekannt ist Perbellini auch für beste Kuchen – schon die Verpackungen sind kleine Kunstwerke. In der **Pasticceria Dolce Locanda** (Via Valerio Catullo 12, dolcelocanda.it) bekommt man z.B. das göttliche Blätterteiggebäck Millefoglie. Italiener kaufen vor Feiertagen gerne zu vergünstigten Preisen ab Produktionsstätte im Perbellini Haupthaus in Bovolone (Via Vittorio Veneto 46, Tel. +39 045 710 05 99, www.pasticceriaperbellini.it/en/).

Im €€€ **Lupo di Mare** (Corte Sgarzarie, 7, Tel. +39 340 885 06 66, http://lupodimare.thefork.rest) speisen Fischliebhaber im Innenhof unter der antiken Loggia des ehemaligen alten Marktes idyllisch ruhig nur wenige Schritte von der Piazza Erbe entfernt. Gleich gegenüber der Arena gelegen und dennoch keine Touristenfalle ist die €€/€€€ **Cantine de l'Arena** (Piazzetta Scalette Rubiani 1, Tel. +39 045 803 28 49, www.lecantine-arena.com) mit Pizza wie in Neapel: außen knusprig mit dicker Kruste, innen weich und saftig.

In einer ehemaligen Kirche logiert das Pizzeria-Restaurant €€/€€€ **San Matteo Church** (Vicolo San Matteo 1, Tel. +39 045 800 45 38, www.smatteo.it).

HOTELS
Das €€€ **Hotel de Capuleti Best Western Plus** (Via del Pontiere 26, Tel. +39 045 800 01 54, www.hotelcapuleti.it/en/) mit modernen Balkonzimmern liegt im Altstadtzentrum.

Einige Kilometer nördlich von Verona ist das €€€€ **Byblos Art Hotel** in der Villa Amistà nicht nur ein Ort zum Rundumwohlfühlen, sondern ein wahres Museum für zeitgenössische Kunst und Design, in dem man wohnen kann wie in einer Klassik und Moderne mit Zukunftsvisionen verbindenden Operninszenierung (Via Cedrare 78, Corrubbio di Negarine/Verona,Tel. +39 045 685 55 55, www.byblosarthotel.com/de).

Tipp
Posta di Giulietta

Die Liebe geht manchmal seltsame Wege. Rund 50 000 Bittschreiben in Herzensangelegenheiten landen jedes Jahr beim Club der Julia-Sekretärinnen in Verona: „Liebe Julia, Dear Juliet, Cara Giulietta, Chère Juliette, Querida Julieta", so beginnen all jene um Hilfe flehenden Zeilen an die legendäre Julia aus Shakespeares Tragödie, die seit mehr als 60 Jahren die Stadt erreichen. Adressiert sind viele nur vage: „Julia, Verona, Italien". Das Erstaunliche: sie erreichen ihr Ziel und werden sogar beantwortet. Alles begann mit Ettore Solimani, der für Julias Grabstätte zuständig war und dort 1937 herzzerreißende Zettelchen fand, die er aus Empathie beantwortete. Heute erledigt diese Aufgabe ein Team aus 45 Freiwilligen, und seit dem Kinofilm „Briefe an Julia" reisen jedes Jahr etwa 50 Zusatzhelfer aus der ganzen Welt an, um in ihrem Urlaub ehrenamtlich als Julia-Sekretärin zu arbeiten.

Am schnellsten Antwort gibt's per Mail: dearjuliet@julietclub.com (Vicolo Santa Cecilia 9, Tel. + 39 045 53 31 15, www.julietclub.com).

UMGEBUNG

Die nahegelegene Weinregion **Valpolicella** hat besonders wegen ihrer legendären Amarone einen hervorragenden Ruf (siehe „Unsere Favoriten", S. 108/109). Für einen Tagesausflug nach Venedig gibt es von Verona günstige Busfahrten (Ende Mai–Anfang Okt. Di.–Fr., Tickets, Hin- und Rückfahrt 40 Euro, über die Touristeninfos oder www.atv.verona.it). Im **Museonicolis** (Viale Postumia, I-37069 Villafranca di Verona, www.museonicolis.com/de/, Di.–So. 10.00–18.00 Uhr) hat der Motorliebhaber Luciano Nicolis Autos, Motorräder, Flugzeuge und andere technische Erfindungen gesammelt und in einem großen Glasstahlgebäude südöstl. von Verona ausgestellt.

INFORMATION

Tourismusverband,
Piazza Bra/Via degli Alpini 9,
Tel. +39 045 806 86 80,
www.turismoverona.eu

Tipp

Im Paradiesgarten

„Die Zweige brachte ich aus dem Garten Giusti, der eine treffliche Lage und ungeheure Zypressen hat, die alle pfriemenartig in die Luft stehen": So schwärmte einst Goethe auf seiner Italienreise 1786 über seinen Besuch in einem der schönsten italienischen Renaissance-Gärten. In der Nähe des Eingangs wird heute ein Exemplar als jene „Goethe-Zypresse" präsentiert, von der sich der Dichter einen Zweig als Andenken mitnahm. Garten und Palazzo sind seit dem 15. Jh. in Besitz der Grafenfamilie Giusti und stehen Besuchern offen. Die Fußwege entlang von Zypressen, Grotten, Statuen und Hecken-Labyrinthen treffen sich an einem Treppenturm, von dem man eine schöne Aussicht auf Verona hat. Von hier oben blickt auch eine große Fratze herab. Aus ihrem geöffneten Maul loderten einst die Feuerzungen, wenn der schöne Garten zu Festlichkeiten illuminiert wurde.

Via Giardino Giusti 2, April–Sept. 9.00 bis 20.00, Okt.–März bis 19.00 Uhr, www.giardinogiusti.com/de/

Genießen   Erleben   Erfahren

DuMont Aktiv

Ti amo, Schatzi!

Verona weckt bei vielen Besuchern eine besonders romantische Seite, denn hier spielt die bekannteste Liebesgeschichte der Welt: „Romeo und Julia". Weil die Altstadt aber weitgehend für den Autoverkehr gesperrt ist, funktioniert eine Erkundung am besten bei einer Radtour. Wer gleich hinauf will zum Hügel von Castel San Pietro, dem Treffpunkt aller Liebespaare von heute, muss ganz schön strampeln oder die Standseilbahn nehmen. Aber es lohnt sich, denn am schönsten Aussichtspunkt Veronas liegt einem die ganze Stadt zu Füßen: In einer weiten Schleife mäandert die Etsch um die Altstadt mit den Schauplätzen der Legende von William Shakespeare.

Mit dem Rad ist man schnell bei der Basilica di San Zeno, wo in der Krypta der Hochzeitsort des Liebespaares gewesen sein soll. Auch zum Haus der Julia (Via Cappello 23) mit seinem berühmten Balkon ist es nicht weit. Nur ein paar Ecken weiter steht auch Romeos Haus (Via Arche Scaligere 2), das man nur von außen sehen kann, weil in Privatbesitz. Und alles endet natürlich bei Julias Grab in der Krypta des ehemaligen Klosters von San Francesco al Corso.

Aber eigentlich ist es viel schöner, sich das Leben der beiden zwischen Piazza Erbe und Piazza dei Signori vorzustellen, wo sich heute noch das öffentliche Leben abspielt. Hier steht auch der majestätische Palazzo del Comune, der über Jahrhunderte Zentrum der politischen Macht war. In seinem prachtvollsten Raum, der Kapelle der Notare im ersten Stock, wird heutzutage gerne geheiratet. Vom Innenhof hinauf muss man jedoch erst über die Scala della Ragione schreiten, die sogenannte Treppe der Vernunft. Sie heißt so, weil sie bis vor zwei Jahrhunderten noch zum Gericht führte.

Weitere Informationen

Geführte Radtouren durch Verona hat der Veranstalter GetYourGuide zu unterschiedlichen Themen im Programm, auch zu den Schauplätzen von Romeo und Julia (ab 35 Euro p. P.), www.getyourguide.de

Radelnd auf den Spuren des berühmtesten Liebespaares der Literaturgeschichte – zu einer Darstellung der „Balkonszene" an der Piazza Bra und zur Basilika di San Zeno, dem Ort der Vermählung.

Die schönsten Binnengewässer
rund um den Gardasee

Seen-Sucht

Im Hochsommer kann es am Gardasee manchmal ganz schön voll werden. Kein Problem, denn schon in der Umgebung warten etliche Alternativen: ganz egal, ob man dabei nur in kühlere Bergregionen ausweichen, baden, wandern, prähistorische Kultur entdecken oder einfach nur leuchtende Seefarben genießen will.

1 Tennosee: Der türkis Leuchtende

Das helle Gestein auf seinem Grund lässt den zwischen Wald und Wiesen gelegenen Tennosee so türkisblau leuchten. Im Sommer laden zwei Kiesstrände zum Baden ein, bei niedrigem Wasserstand kann man das Inselchen im See sogar zu Fuß erreichen. Nur wenige Minuten entfernt liegt das historische Bergdorf Canale di Tenno, das zu den schönsten Orten des Trentinos zählt.

Lage: 12 km nordwestl. von Riva, Fläche: 0,25 km², www.visittrentino.info/de

2 Ledrosee: Das Weltkulturerbe

Als das Kraftwerk in Riva vom höhergelegenen Ledrosee Wasser abpumpte, entdeckte man im kristallklaren Bergsee historische Pfahlbauten aus der Bronzezeit. Die 4000 Jahre alte Siedlung ist UNESCO-Weltkulturerbe. Das Pfahlbaumuseum in Molina di Ledro gibt einen guten Überblick und zeigt auch naturgetreu rekonstruierte Pfahlbauten.

Lage: 15 km südwestl. von Riva, Fläche: 2 km², www.visittrentino. info/de/, www.palafitteledro.it

3 Valvestinosee: Der Fjordsee

Der Stausee liegt in einem Naturschutzgebiet und ist touristisch wenig erschlossen. Baden ist hier nicht möglich, ans Ufer ohnehin nur schwer ranzukommen, dafür wandert es sich umso ungestörter. Motorradfahrer lieben zudem die Anfahrt über die recht kurvenreiche Bergstraße.

Lage: 15 km nordwestl. von Gargnano, Fläche: 1,3 km², www.comune. valvestino.bs.it

4 Toblinosee: Der Romantische

Am frühen Morgen, wenn noch Nebel durch das Schilf wabert, verströmt der Toblinosee seine mystische Stimmung. Pittoresk ragt das Castel Toblino aus dem 16. Jh. auf einer Felszunge in den See. Die Festung war Mittelpunkt vieler Legenden und verbotener Liebschaften. Auf einer Terrasse, heute ein Restaurant, kann man dort von romantischen Zeiten träumen.

Lage: 23 km nordöstl. von Torbole, Fläche: 0,73 km², www.visittrentino.info/de, www.casteltoblino.com

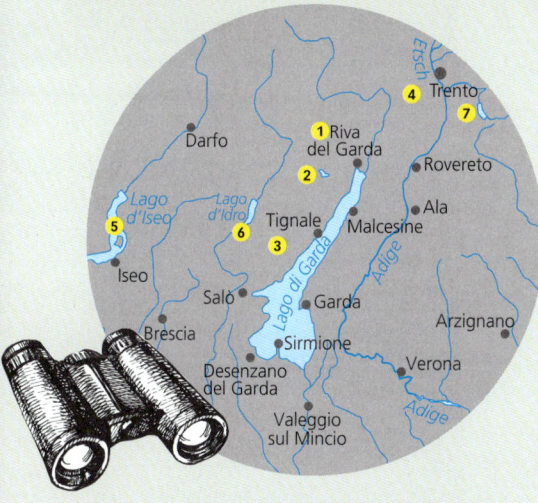

Darfo

1 Riva del Garda

2

Rovereto

4 Trento

7

Lago d'Iseo

Lago d'Idra

5

6

Tignale

3

Malcesine

Ala

Lago di Garda

Iseo

Salò

Garda

Arzignano

Brescia

Sirmione

Verona

Desenzano del Garda

Valeggio sul Mincio

Adige

Adige

Etsch

5 Iseosee: Der Kunstsinnige

Auf den orange leuchtenden „Floating Piers" des Künstlers Christo konnte man im Sommer 2016 auf dem Iseosee sogar übers Wasser laufen. Die temporäre Aktion der schwimmenden Stege mit mehr als 1,2 Mio. Besuchern hat den See international bekannt gemacht. Die autofreie Fischerinsel Monte Isola gilt als Juwel des Sees. Die kleineren Inseln S. Paolo und Loreto sind Privatbesitz des Waffenherstellers Beretta.

Lage: 30 km nordwestl. von Brescia, Fläche: 65 km², www.visitbergamo.net/de/der-iseo-see/

6 Idrosee: Der Luftige

Mit seiner dauerhaften leichten Brise ist der Idrosee ideal für Segler, Surfer und Kiter. Auch für Badeurlauber bringt der angenehme Wind an heißen Sommertagen Erfrischung. Einziges Linienschiff auf dem stillen See ist die „Idra". Sie verbindet die wichtigsten Orte in einer zweistündigen Seerunde. Den besten Ausblick hat man von der Festung Rocca d'Anfo.

Lage: 40 km nordwestl. von Toscolano-Maderno od. 40 km südwestl. von Riva, Fläche: 11 km², www.lagodidro.it/de

7 Caldonazzo-see: Der Sportliche

Schwimmen, Segeln, Surfen, Rudern, Tauchen: Am Caldonazzosee ist jede Wassersport-Disziplin vertreten, sogar Wasserski-Fahren. Beim Palio dei Draghi liefern sich jeden August chinesische Drachenboote ein exotisches Ruderrennen. Mehr als 1000 Kinder und Jugendliche aus Europa erleben seit 1954 am Westufer unbeschwerte Sommerferien in einem Camp des SOS-Kinderdorfs.

Lage: 62 km nordöstl. von Torbole, Fläche: 5,6 km², www.visittrentino.info/de/

Formen der Fortbewegung: Am Gardasse ist man mit der Vespa genauso gut unterwegs wie mit dem Linienschiff oder dem Water Scooter.

Service

Praktische Informationen für die Reise und einiges Wissenswerte über den Gardasee und seine Umgebung haben wir hier für Sie zusammengestellt.

Anreise

Auto: Die meisten Routen zum Gardasee führen über München und von dort über die A 8 oder die A 95 nach Innsbruck zum Brennerpass. Die anschließende italienische A 22 (Brennerautobahn) verlässt man bei „Rovereto-Sud" für den nördlichen Teil des Sees, bei Affi fährt man zum Südufer ab.
Verona erreicht man am besten über die Ausfahrt Verona-Nord.
Für Urlauber aus dem Südwesten Deutschlands lohnt evtl. die Fahrt über Füssen/Reutte/Fernpass oder Bregenz/Arlbergtunnel nach Innsbruck bzw. die Variante über die Schweiz via Lugano/Mailand und die italienische A 4 Richtung Venedig für die Ausfahrten Desenzano, Sirmione oder Peschiera. Mautpflichtig sind dabei die österreichischen, italienischen und die Schweizer Autobahnen. Zwischen Innsbruck-Süd und dem Brenner wird eine Spezialmaut erhoben, deshalb darf diese Strecke ohne Vignette befahren werden.
Bahn: Euro-City-Züge verkehren tagsüber alle zwei Stunden ab und bis München nach Trento, Rovereto, Verona (mit Anschluss nach Peschiera, Desenzano). Da die Verbindungen von der österreichischen oder deutschen Bahn betrieben werden, ist für die Fahrt aus Italien eine Online-Buchung ratsam.
Bus: Die günstigste Möglichkeit, an den Lago zu gelangen, ist der Bus. Von Juni bis September fährt z.B. Flixbus von München aus mehrmals in der Woche die Orte Affi, Peschiera, Garda, Bardolino, Cisano, Lazise, Gardaland und Sirmione an. Bei dynamischem Preissystem kostet eine einfache Fahrt im Schnitt ab 15 €, Fahrdauer München – Peschiera mind. 7 Std., www.flixbus.de

Flug: Die dem Gardasee am nächsten gelegenen Flughäfen sind in Verona, Bergamo und Mailand. Von dort kommt man per Bus an den See. Linienflugverbindungen nach Mailand gibt es von fast allen deutschen Großstädten, ab Frankfurt oder München sogar mehrfach täglich, sowie von Wien und Zürich. Verona wird von Frankfurt und München angeflogen, Bergamo von Billigfluglinien ab Berlin, Bremen, Düsseldorf/Weeze, Frankfurt/Hahn, Köln und München/Memmingen.

Auskunft

Drei Provinzen grenzen an den Gardasee. Bislang gibt es jedoch keine gemeinschaftliche Vermarktung, jede Provinz betreut nur ihren Teil des Sees:
Der Norden mit der Provinz Trentino: www.visittrentino.info/de
Der Osten mit der Provinz Verona: www.tourism.verona.it/de
Der Westen mit der Provinz Lombardei: www.in-lombardia.it/de
Die **ENIT** ist die übergeordnete italienische Tourismusbehörde für Deutschland, Österreich und die Schweiz: Italienische Zentrale für Tourismus, Barckhausstraße 10, D-60325 Frankfurt am Main, Tel. +49 69 23 74 34, www.enit.de

Essen und Trinken

Essenszeiten: Das Frühstück, *la Colazione*, nimmt man in Italien für gewöhnlich im Stehen ein: einen Caffè, ein Brioche an der Bar – fertig! In den Touristenhotels gibt es hingegen die üblichen Büffets. Mittags beim *il Pranzo* nimmt

sich der Italiener dagegen viel mehr Zeit. Drei Gänge mit Wein sind durchaus üblich. Wer in der Mittagspause auf Angebote wie *pranzo di lavoro* (das klassische Arbeiteressen) achtet, kann zum Festpreis ab 12 € ein kleines Menü bekommen. Beim Abendessen, *la Cena*, sind zwei bis drei Stunden mit vier bis fünf Gängen und ein paar Fläschchen Wein keine Seltenheit.
Regionale Spezialitäten: Am Gardasee hat jede der drei Provinzen ihre eigenen traditionellen Gerichte. Im Norden geht es im Trentino deutlich deftiger zu. Hier gibt es z.B. *Carne Salada*, in Salz haltbar gemachtes Rindfleisch, das roh, gekocht oder gebraten konsumiert und am besten *con fagioli* mit braunen Bohnen gegessen wird. Oder *Strangolapreti*, sog. Priesterwürger, ein Nudelteig aus Eiern, Mehl, Parmesan und Spinat, der zu kleinen Nocken (*Gnocchi*) geformt wird.
Im Osten ist die *Polenta* sehr beliebt, wobei diese selten als frischer Maisbrei, sondern meist als gegrillte Scheiben daherkommt. Mit jungem Olivenöl wird in Kupferkesseln auch eine *Carbonera*, eine Polenta mit Käse, sämig gerührt. Was nicht gegessen wird, kann am anderen Tag lecker auf dem Grill gebraten werden. Dazu liebt man hier Kaninchengerichte, auch gern mit Bigoli-Nudeln.
Im Westen ist als klassisches Sonntagsessen der *Spiedo* beliebt: Diese Spieße mit Hühner-, Schweine- und Rindfleisch, dazwischen Kartoffeln und Salbei, werden über dem offenen Grill bereitet. Davor gibt es eine *Minestra sporca* (wörtlich: schmutzige Suppe), eine Suppe mit kleinen Nudeln.
Im Süden wird gerne Hecht in Sauce, *Lucio in Salsa*, gekocht.
In Verona liebt man Pferdefleisch oder Pearà, eine Soße aus Brotkrumen, schwarzem Pfeffer

Fröhliche Eiszeit: hier an Antonios mobilem Verkaufsstand in Malcesine.

und Rinderbrühe. Auch Nudeln mit Bohnen, *Pasta e fasoi*, sind sehr beliebt. Ansonsten ist in Verona das gängige Angebot typisch großstädtisch und damit recht breit gefächert.

Gängige Gerichte: Als Vorspeise, *Antipasti*, führt jede Speisekarte eine *Caprese* aus Tomaten, Basilikum und wenn möglich Büffel-Mozzarella und Olivenöl (aber ohne Balsamico). Wurstplatten gibt es besonders im Trentino, aber auch in Verona. Zum *Primo piatto* gehören Pastaklassiker wie *Bigoli con le sarde* – dicke, hausgemachte Spaghetti mit Sardinen, Olivenöl und Petersilie. Typisch sind auch Tagliatelle mit unterschiedlichen Pilzen, meist Pfifferlingen, aber auch Trüffeln. Ansonsten stehen alle möglichen Sorten von Nudeln mit Sugo auf der Karte, mit Tomatensauce, Hackfleischsauce, Salsiccia-Sauce, mit Knoblauch, Peperoni und Olivenöl oder auch mal nur mit Ragù ohne Tomaten. Lecker schmeckt auch das *Risotto alla tinca*, das bekannte Schleien-Risotto vom Lago. Zum *Secondo piatto*, dem Hauptgericht, wird meist Fleisch oder Seefisch vom Grill gereicht – von den fast 40 Gardaseefischen findet man jedoch selten andere auf der Karte als Forelle oder Blaufelchen, und da kann es sein, dass sie aus Zuchtbecken im Sarca-Gebiet kommen. Um den vielen Gästen besondere Fischgerichte zu bieten, haben sich die Chefköche der noblen Hotelrestaurants rund um den See einmal im Jahr für kulinarische Fischwochen zusammengetan: http://fishandchef.it/. Zum *Dolce*, den Nachtisch, gibt es wie überall in Italien Gelati und Semifreddo, Torta und Tartufo, Pannacotta und Zabaione. Der Obstsalat, *Macedonia*, kommt jedoch in vielen Fällen leider oft aus der Dose. Da lohnt es sich, lieber auf eine Auswahl regionaler Käse auszuweichen.

Weine der Region: Im Norden sind vor allem der Marzemino aus dem Weinanbaugebiet Vallagarina und der ebenfalls tiefrote Teroldego von den Hängen oberhalb des Etschtals sowie der ausschließlich im Valle dei Laghi kultivierte weiße Nosiola die typischen Weine aus dem Trentino. Am Ostufer des Gardasees gedeihen besonders die Trauben für den roten Bardolino in den Varianten Classico, Chiaretto (Rosé), Novello und Superiore. Den Bianco di Custoza findet man am besten in Sommacampagna, Villafranca, Valeggio sul Mincio und Peschiera. Der feinere Lugana wird aus Trebbiano-Trauben

rund um Lugana im Süden des Sees produziert. Weiter westlich gedeihen bei Moniga die Trauben für den leichten Rosé Chiaretto und den gehaltvollen, tiefroten Groppello. Aus Venetien kommen die bekannteren und zum Teil auch gehobeneren Weine. Der Valpolicella Classico mag noch durchaus Massenware sein, spätestens beim Amarone, der locker mit Barolo oder Brunello konkurrieren kann, schlagen dann selbst die Herzen versierter Weinkenner höher. Aus der Veroneser Hügellandschaft im Osten stammt auch der Soave.

Feiertage und Feste

Offizielle Feiertage entsprechen weitgehend denen in Deutschland: Neujahr (1. Jan.), Dreikönigstag (6. Jan.), der variable Ostermontag, Tag der Befreiung (25. April), Tag der Arbeit (1. Mai), der variable Pfingstmontag, der Nationalfeiertag (2. Juni), Mariä Himmelfahrt, auch Ferragosto genannt (15. Aug.), Allerheiligen (1. Nov.), Mariä Empfängnis (8. Dez.), Weihnachten (25. und 26. Dez.) und Silvester (31. Dez.). **Ortsübergreifende Feste** sind im Februar der Karneval, der in Verona einen Hauch von Venedig hat. Ebenfalls in Verona sind die Opernfestspiele (Juni–Sept.) ein Erlebnis, im Okt. die Weinfeste (z.B. Bardolino), im Nov. die Olivenölfeste (z.B. Castelletto di Brenzone), im Dez. die Vorweihnachtszeit mit Weihnachtsmärkten und Krippenausstellungen.

Geld und Kreditkarten

Ein dichtes Netz an Geldautomaten (*bancomat*) sichert die Versorgung mit Bargeld. Kreditkarten werden in fast allen Hotels, Restaurants und Geschäften akzeptiert. Sperrnotruf bei Verlust der Bank- bzw. Kreditkarte: Tel. +49 116 116 (außerhalb Deutschlands gebührenpflichtig) bzw. www.sperr-notruf.de.

Info

Daten & Fakten

Geografie: Der Gardasee ist mit einer Fläche von knapp 370 km² der größte See Italiens. Die tiefste Stelle zwischen Tignale und Castelletto liegt bei 350 m. Von Norden nach Süden ist der See etwa 50 km lang. Im Norden nur 4 km, aber im Süden 17 km breit. Das Ostufer wird vom Bergrücken des Monte-Baldo-Massivs (2218 m) und den Olivenhainen der Riviera degli Olivi bei Malcesine geprägt. In Richtung Südosten beginnen etwa auf Höhe von Bardolino ausgedehnte Weinlandschaften. Ganz an der Südspitze bei Sirmione ist die Landschaft von fruchtbaren Moränenhügeln umgeben.

Am Westufer ragen die bis zu 2000 m hohen Berge der Brescianer Voralpen auf. Entlang der Riviera dei limoni, der Zitronenriviera, herrscht mildes Klima mit subtropischer Flora. Im kühleren und gebirgigeren Norden sorgt das klimatisch begünstigte Etschtal für eine ertragreiche Landwirtschaft. Wichtigster natürlicher Zufluss des Sees ist die Sarca im Norden. Abfluss gibt es nur einen, den Mincio in Peschiera. Der Gardasee hat fünf Inseln, wovon nur eine, die Isola del Garda, bewohnt ist.

Bevölkerung: An den Ufern des Gardasees und seinen umliegenden Hängen wohnen etwa 170 000 Einwohner. In Verona sind es rund 260 000.

Verwaltung: Drei Provinzen grenzen an den Gardasee. Die beiden größten sind im Osten das Veneto, im Westen die Lombardei sowie der kleinste Teil im Norden Trentino-Südtirol.
Politik: Auf regionaler Ebene sind Verona, Brescia und Trient die Provinzhauptstädte des Veneto, der Lombardei und des Trentino, die sich den Gardasee politisch teilen. Jede der drei Provinzen wird von einer eigenen Regierung geleitet. Politisch führen aber in Italien letztendlich alle Wege nach Rom. Italien ist seit 1946 parlamentarische Demokratie mit einem für sieben Jahre gewählten Staatspräsidenten als Staatsoberhaupt. Während die Gemeinden am Gardasee überwiegend konservativ, aber weitgehend von parteilosen Bürgermeistern regiert werden, ist in Verona derzeit die rechtspopulistische Lega Nord stärkste politische Kraft.
Wirtschaft: Wichtigster Erwerbszweig ist der Tourismus mit inzwischen über 24 Mio. Übernachtungen im Jahr. Knapp zwei Drittel der Gäste sind Deutsche. Doch heute bleiben die meisten lieber kürzer als früher und kommen dafür öfter (verursachen damit aber auch mehr Verkehr als früher).
Das Tourismusgeschäft konzentriert sich am See auf die Saison zwischen Ostern und Anfang Oktober. Wichtigste regional produzierte Lebensmittel sind Wein und Olivenöl.

Oben: Souvenir, Souvenir. Rechts: in der Komfortzone – im Lefay Resort & SPA an der Limonenriviera in Gargnano.

Gesundheit

Die Europäische Krankenversicherungskarte erleichtert EU-Bürgern den Zugang zu medizinischen Versorgungsleistungen während eines vorübergehenden Auslandsaufenthalts. Privatpatienten werden gegen Barzahlung oder Kostenübernahmegarantie der Privatkrankenkasse behandelt. Deutschsprachige Ärzte und Zahnärzte findet man in der kostenlos in Hotels ausliegenden „Gardasee Zeitung". Krankenhäuser direkt am Gardasee gibt es in Malcesine, Peschiera, Desenzano oder in Trient, Rovereto, Arco, Gavardo bei Salò, Bussolengo bei Verona und in Verona selbst. Apotheken (ital. *Farmacia*) erkennt man am grünen Kreuz.
Menschen mit Handicap: In Verona sind fast alle öffentlichen Einrichtungen rollstuhlgerecht ausgebaut. Auch immer mehr behindertengerechte Zimmer werden angeboten. Der Garda-

Info

Geschichte

ab 2000 v. Chr.: Erste Zeugnisse der Besiedlung stammen aus der Bronzezeit. Dabei handelt es sich um die Pfahlbauten am Ledrosee und Felszeichnungen am Monte Baldo.
1000 v. Chr.: Veneter besiedeln die Südalpen und werden von den Etruskern verdrängt.
500 v. Chr.: Kelten dringen bis zum Gardasee vor.
ab 191 v. Chr.: Die Römer erobern Norditalien und geben dem Gardasee den Namen „Lacus Benacus". Bis zum Ende des Römischen Reiches um das Jahr 500 entstehen besonders im Süden römische Villen und Thermalbäder.
89 v. Chr.: Oberitalienische Gemeinden erhalten römische Bürgerrechte.
313: Das Christentum wird Staatsreligion, Verona und Trient werden Bischofssitze.
395: Teilung des Römischen Reiches. Norditalien fällt an Westrom, Ravenna wird Hauptstadt Norditaliens.
452: Die Hunnen verwüsten Verona.
476: Das Weströmische Reich endet, die Germanen erobern Norditalien.
568: Die Langobarden übernehmen nun die Macht in Norditalien und wählen Brescia als ihren Königssitz.
774: Karl der Große erobert das Langobardenreich und gliedert es dem Frankenreich an.
872: Innerhalb des Frankenreichs wird ein Reichsitalien gegründet.
951: Otto I. nimmt Reichsitalien ein und gliedert es ins Heilige Römische Reich Deutscher Nation ein. Verona und Gardasee gehören jetzt zu Bayern.
1000: Die reichen norditalienischen Städte werden unabhängige Stadtrepubliken, aber das Trentino bleibt der Kaiserkrone treu.
1259: Die Herrschaft der kaisertreuen Scaliger verschafft Verona und dem Gardasee wirtschaftlichen Aufschwung.

1387: Die Mailänder übernehmen die Macht über Verona und den Gardasee. Den Gemeinden am See wird das Recht einer gemeinsamen Selbstverwaltung zugestanden.
1428: Venedig erobert Brescia.
1438: Als die Mailänder den Wasserzugang zum See versperren, schleppen die Venezianer 30 Kriegsschiffe über die nördl. Berge und erobern sich den See und Verona zurück.
1545: Im Zeichen der Gegenreformation wird das Konzil von Trient eröffnet, das mit Unterbrechungen bis zum Jahr 1563 dauert.
1705: Im Spanischen Erbfolgekrieg gerät das Trentino zeitweise unter eine französische Kontrolle.
1796: Napoleon I. erobert Norditalien. Der westl. Gardasee geht an die von Napoleon gegründete Cisalpinische Republik, das Ostufer und Verona gehören zu Österreich.
1800: Auch das Trentino gehört nun zu Österreich.
1815: Nach dem Sturz Napoleons bestätigt der Wiener Kongress die Zugehörigkeit der Lombardei und Venetiens zu Österreich.
1818: Die italienische Einigungsbewegung, *Risorgimento*, drängt auf ein Ende der österreichischen Herrschaft.
1861: Gründung des Königreichs Italien. Österreich muss nach harten Kämpfen die Lombardei und Venetien an Italien abtreten. Das Trentino mit Riva bleibt noch Teil von Österreich.
1914: Beginn des Ersten Weltkriegs. Es kommt zu einem erbittert geführten Stellungskrieg in den Bergen am nördl. Gardasee.
1919: Nach dem Ersten Weltkrieg verliert Österreich im Frieden von Saint-Germain auch den nördl. Gardasee, Trient und Südtirol. Das vereinte Italien reicht nun bis zur Grenze am Brenner.

1940: Eintritt Italiens in den Zweiten Weltkrieg.
1943: In Italien wird Mussolini entmachtet. Die neue Regierung unter Badoglio schlägt sich auf die Seite der Alliierten und erklärt Deutschland den Krieg. Unter Protektion des Deutschen Reiches ruft Mussolini die „Repubblica Sociale Italiana" mit Sitz in Salò aus.
1945: Zum Ende des Zweiten Weltkriegs wird Mussolini auf der Flucht von Partisanen bei Como exekutiert.
1946: König Vittorio Emanuele III. dankt ab, Italien wird Republik.
1947: Südtirol und Trentino werden vereinigt.
1972: Südtirol-Trentino wird eine autonome Provinz.
1989: Gründung der rechtspopulistischen Lega Nord.
1992: Erstmals nach dem Zweiten Weltkrieg verliert die Democrazia Cristiana nach Korruptions- und Bestechungsskandalen die Parlamentswahlen. Die Forza Italia gewinnt mit Berlusconi an der Spitze und dem Bündnispartner Lega Nord.
1993: Der See bekommt eine Ringkanalisation.
2002: Von Malcesine auf den Monte Baldo fährt eine neue Seilbahn mit Drehgondeln.
2008: Für den James-Bond-Film „Ein Quantum Trost" wird die Anfangsszene der Tunnelfahrt am nördlichen Teil des Sees gedreht.
2011–2018: In nur sieben Jahren führen fünf Ministerpräsidenten Italiens Amtsgeschäfte: (Mario Monti, Enrico Letta, Matteo Renzi, Paolo Gentiloni, Giuseppe Conte). In Verona gewinnt Federico Sboarina von der rechtspopulistischen Lega Nord 2017 die Stichwahl.
2018: In Limone wird ein spektakulärer, freischwebend an die Felswand montierter Rad- und Fußweg eröffnet – Teil des „Garda by Bike"-Projekts, bei dem ein 140 km langer Radrundweg bis 2021 um den See führen soll.

Info

Reisedaten

Flug: Von Frankfurt nach Bergamo ab 20 € mit Ryanair, von Frankfurt nach Verona ab 100 € mit Air Dolomiti.
Bahn: Von München nach Rovereto 35 €.
Bus: Von München nach Rovereto 15 €.
Reisepapiere: Personalausweis
Währung: Euro
Sprache: Italienisch. Während am Gardasee fast überall Deutsch verstanden wird, kommt man in Verona besser mit Englisch weiter.
Mietwagen: ab 65 €/Cabrio 80 € am Tag.
Motorroller: ab 50 € pro Tag.
Benzin: 1 Liter Super bleifrei: ca. 1,75 €.
Ortszeit: MEZ, im Sommer MSZ.

see aber ist für Menschen mit Handicap kein ideales Reiseziel, denn in den engen Gässchen der Ortschaften überwiegt Kopfsteinpflaster, und die meisten Strände sind für Rollstuhlfahrer kaum zugänglich.

Hotel/Unterkunft

Preiskategorien

€ € € €	Doppelzimmer	über 200	€
€ € €	Doppelzimmer	120–200	€
€ €	Doppelzimmer	80–150	€
€	Doppelzimmer	80	€

Empfohlene Adressen siehe Infoseiten der vorangegangenen Kapitel. Viele Hotels am See machen bis Ostern Winterpause.

Notruf

In der EU gilt von jedem Festnetz- oder Mobiltelefon die einheitliche Notrufnummer: Tel. 112. Darüber sind Polizei, Unfallrettung, Feuerwehr oder Bergrettung erreichbar. Ist man in unübersichtlichem Berggelände unterwegs, kann man mit dem Mobiltelefon über die App 112 Where ARE U einen Notruf absetzen und gleichzeitig seine GPS-Koordinaten an die Notrufzentrale mitsenden.

Reisezeit und Wetter

Der Gardasee ist ein Ganzjahresziel mit mediterranem Binnenklima. Am See fällt nur selten Schnee, die Temperaturen erreichen fast nie den Gefrierpunkt. Selbst im Winter kann man herrliche Wintersonnentage erleben und auf dem Monte Baldo bisweilen sogar Ski fahren. Im Sommer liegen die Temperaturen dagegen

tagsüber oft über mehr als 30 Grad, auch nachts bleibt es noch angenehm warm. Hauptsaison ist von Ostern bis Anfang Oktober. An der Westküste genießt man vor allem die Morgensonne, muss aber (wie besonders im nördl. Teil) damit rechnen, dass die Sonne bereits ab 16.00 Uhr hinter den Berggipfeln verschwunden ist. An der Ostküste muss man morgens oft bis 10.00 Uhr warten, dass die Sonne aus dem Schatten der Berge tritt, dafür kann man sie aber dann bis zum Sonnenuntergang genießen. Wegen seiner besonderen Windverhältnisse ist der Gardasee bei Surfern, Seglern und Kitern beliebt. Der kühle Vento, auch „Pelèr" genannt, weht von Nord nach Süd von 22.00 bis 11.00 Uhr, danach wechselt der Windrichtung in die umgekehrte Richtung zum warmen Südwind Ora von 12.00 Uhr bis zum Sonnenuntergang.

Restaurants

Preiskategorien

€ € € €	Hauptspeisen	über 20	€
€ € €	Hauptspeisen	15–20	€
€ €	Hauptspeisen	10–15	€
€	Hauptspeisen	10	€

Empfehlungen und Adressen siehe Infoseiten der vorangegangenen Kapitel.

Souvenirs/Shopping

Am Gardasee sind besonders die Wochenmärkte in den einzelnen Ortschaften sehr beliebt. Neben frischen Produkten der Region gibt es dort Kleidung, Taschen, Schuhe und Accessoires zu relativ günstigen Preisen zu kaufen; allerdings ist vieles in Asien produzierte Massenware in Einheitsgrößen. Umso erfreulicher ist es, wenn man in manchen Ortsgässchen noch Geschäfte und Boutiquen mit Qualitätsprodukten findet. In ausgewählten Parfümerien gibt es z.B. inzwischen sogar besondere Gardaseedüfte, um die Erinnerung an den Lago auch daheim auffrischen zu können. Ausgefallene Erinnerungsstücke sind zudem Büttenpapiere aus dem Valle delle Cartiere bei Toscolano-Maderno, Taschen aus recyceltem Segeltuch von Kevlove in Bogliaco oder Herzenschlösser aus Verona. Hinzu kommt eine breite Palette an kulinarischen Angeboten, die auch zu Hause die Küche bereichern, etwa gutes Olivenöl oder ausgewählte Weine der Region.
Kernöffnungszeiten: 8.00–12.00 und 15.00 bis 19.00 Uhr. In der Hochsaison meist durchgehend zum Teil bis 22.00 Uhr und auch sonntags geöffnet.

Telefon und Internet

Vorwahl von Deutschland, Österreich und der **Schweiz nach Italien:** +39; aus Italien nach **Deutschland:** +49, **nach Österreich:** +43, **in die Schweiz:** +41. In Italien sind die Ortsvorwahlen fester Bestandteil der Festnetznummern. Bei Anrufen, auch aus dem Ausland, muss daher immer die Vorwahl einschließlich der 0 mitgewählt werden. Dagegen haben die Mobilfunknummern keine vorangestellte 0. Man erkennt diese in Italien an den dreistelligen Vorwahlen, die stets mit einer 3 beginnen.
Viele Hotels und Restaurants bieten in ihren Räumlichkeiten kostenloses WLAN an.

Frühling wird's, die Bäume schlagen aus: hier in der Baia delle Sirene, der Meerjungfrauenbucht bei der Punta di San Vigilio, nahe Garda.

Wetterdaten

	TAGES-TEMP. MAX.	TAGES-TEMP. MIN.	WASSER-TEMP.	TAGE MIT NIEDER-SCHLAG	SONNEN-STUNDEN PRO TAG
Januar	5°	1°	8°	5	3
Februar	7°	1°	6°	5	4
März	12°	4°	8°	7	5
April	17°	9°	10°	9	5
Mai	20°	13°	13°	11	6
Juni	24°	17°	18°	10	7
Juli	27°	19°	20°	8	8
August	26°	18°	21°	8	7
September	22°	15°	19°	7	6
Oktober	16°	10°	16°	8	6
November	11°	5°	12°	8	3
Dezember	6°	2°	10°	6	3

Verkehrsmittel vor Ort

Auto: Die Gardesana ist die einzige Straße, die direkt in Ufernähe um den See führt. Daher gibt es hier in der Hochsaison häufig lange Staus. Besonders voll wird es, wenn in den jeweiligen Ortschaften Markttag ist oder zum Wochenende, wenn auch die Italiener zum Kurzurlaub an den See kommen (Freitagnachmittag bis Sonntagabend). Auch die Parksituation ist überall schwierig. Bei der Parkplatzsuche bedeuten gelbe Markierungen Parkverbot. Bei blauen Markierungen sind die Parkzeiten zeitlich limitiert und kostenpflichtig. Weiß markierte kostenfreie Parkplätze sind selten. Italienische Strafzettel werden auch nach Deutschland weitergeleitet. Generell sind Verkehrswidrigkeiten in Italien mit deutlich höheren Bußgeldern belegt als in Deutschland. Die Promillegrenze liegt bei 0,5. Als Höchstgeschwindigkeiten gelten 50 km/h innerorts, 90 auf Landstraßen und 130 auf Autobahnen. Es muss auch tagsüber mit Abblendlicht gefahren werden. Das Mitführen einer Warnweste ist Pflicht. Die kostenfreie, 24 Std. besetzte Telefonnummer des italienischen Automobilclubs ACI ist für ausländische Mobiltelefone 800 116 800 und vom ital. Festnetz oder ital. Mobiltelefon 80 31 16.

Bus: Jeder Ort am Gardasee ist ca. im 60 Minutentakt per Bus erreichbar. Verona hat ebenfalls ein gutes Stadtbussystem. Mit dem Bus werden auch günstige Tagesfahrten nach Venedig angeboten. Während der Opernfestspiele fährt nach Aufführungsende ein Nachtbus noch bis Malcesine.

Motorroller und Fahrrad: Je nach zu bewältigender Distanz und Steigung sind das Rad oder ein Motorroller am Gardasee und in Verona wegen der angespannten Verkehrs- und Parksituation empfehlenswert. Wer in Deutschland vor dem 1.4.1980 den Führerschein Klasse 3 gemacht hat, darf damit auch ein Kleinkraftrad von 125 ccm fahren, alle anderen benötigen dafür einen Motorradführerschein.

Schiff: Jeder größere Ort am Gardasee ist auch per Linienschiff erreichbar. Fahrplan und Preise unter www.navigazionelaghi.it. In den meisten Häfen kann man auch Motorboote mieten, die ohne Führerscheinerlaubnis (nur tagsüber) gefahren werden dürfen.

Wasserqualität

Die Wasserqualität des Gardasees wird seit einigen Jahren größtenteils mit „ausgezeichnet" bis „gut" bewertet. Die gemessenen Werte entsprechen den Richtlinien der EU, durch die eine Mindestqualität für Badegewässer festgelegt ist. Testberichte europäischer Badegewässer sind einsehbar bei der Europäischen Umweltagentur EEA: www.eea.europa.eu/de

So schön die Gardesana Occidentale auch ist – die Zukunft für Biker gehört dem neuen Radweg, der einmal rund um den See führen soll.